CW01513274

Dem Himmel das Feuer stehlen

Eine Technik zur Erschaffung individueller Zaubersysteme.

Basierend auf den Schriften von
AUSTIN OSMAN SPARE
ALEISTER CROWLEY
und dem Großen Magier
ABRAMELIN,
diese miteinander verschmolzen und erweitert um die
persönlichen Forschungsergebnisse des Autors:
STEPHEN MACE

Übersetzt von Thomas Wolf

Dies ist ein unveränderter Neudruck der Ausgabe von 1984. Daher ist er fast neun Jahre alt, und ich glaube gerne, daß meine Magick in dieser Zeit einige Fortschritte gemacht hat; siehe insbesonders *Chaos International* Nr. 6, 8, 9, 10, 11, 13 und 14. Diese Innovationen jedoch erwuchsen wiederum direkt den Techniken in diesem Buch, und ein jeder muß irgendwo anfangen. Gelegentlich wird es wahrscheinlich eine fünfte Auflage von DAS FEUER STEHLEN geben, welche jene Fortschritte mit einschließt, und, so Hadit will, einige zukünftige, denen ich bislang nicht begegnet bin. Aber nicht diesmal.

27. Mai 1993 e.v. 4. durchgesehene und erweiterte Auflage

© **1984 by Stephen Mace**

ISBN   3-89094-294-6

Dem Himmel das Feuer stehlen

Eine Technik zur Erschaffung individueller Zaubersysteme.

Basierend auf den Schriften von
AUSTIN OSMAN SPARE
ALEISTER CROWLEY
und dem Großen Magier
ABRAMELIN,
diese miteinander verschmolzen und erweitert um die
persönlichen Forschungsergebnisse des Autors:
STEPHEN MACE

Übersetzt von Thomas Wolf

DANKSAGUNGEN

Dieses Buch könnte heute nicht in seiner gegenwärtigen Form existieren ohne die Hilfe und den Rat von Chuck Furnace, Helen, Sarajane, Rick, Bert, Glenn und Jeanne und meiner Mutter und meinem Vater - ihnen allen entbiete ich meinen Dank, der aus dem Herzen kommt.

Jene, die mit dem Autor zu korrespondieren wünschen, schreiben bitte an den Verlag. Jene, die sich eine Antwort erwarten, sollten einen frankierten, selbstadressierten Umschlag beilegen. Ausländische Zuschriften sollten einen internationalen Antwortschein beigelegt haben.

Den hochverehrten Fratern, C. & O.T.L.

Inhaltsverzeichnis

I. Zaubern[1]

Zaubern ist die Kunst, Geister einzufangen und sie darin zu unterweisen, Arbeit im Gespann zu leisten, die Kräfte in unserem Gemüt auszusortieren, auf daß wir sie zu manipulieren vermögen, und sie dazu zu bewegen, sowohl in unserem Gemüt[2] als auch darüber hinaus Veränderungen zu bewirken.

II. Geister und ihre Domäne

Geister sind Kräfte, Kräfte des Gemüts, und ihre Domäne ist das Unbewußte. Der Durchschnittsperson bleiben sie also unzugänglich, und somit können unsere Begegnungen mit ihnen vage und ohne Überzeugungskraft sein. Geister können als Tricks, als Talente und als Emotionen erscheinen. Geister können sich in Komplexen verbergen, die automatische Reaktionen auf die uns begegnenden Situationen auslösen. Geister zeigen sich in Träumen und fordern uns heraus, sie zu verstehen. Ein Zauberer aber gebraucht Techniken, die das Unbewußte zugänglich machen, und auf diese Weise kann er (oder sie) seine Geister von Angesicht zu Angesicht treffen. Wenn er über die Stärke verfügt, kann er ihre wahre Form ausmachen und ihnen Bande anlegen, so daß sie seinen Willen ausführen werden. Wenn nicht, ist das Risiko der Besessenheit ein höchst reales. Alle Kräfte bergen Risiken. Ob von Wasser getriebene Räder oder Elektrizität aus gespaltenen Atomen, die Energie muß an ihrem Platz gehalten werden, sonst kann sie jemanden verletzen. Wir können nicht erwarten, daß die Zauberkraft irgend anders ist, doch magst du versichert sein, daß es Methoden gibt, Geister unter Kontrolle zu halten, und Übungen, um dir die Stärke zu geben, sie zu gebrauchen.

Das unbewußte Gemüt als Domäne der Geister ist auch deren Medium, und somit bestimmt seine Natur die ihrige. Das Unbewußte ist das Reservoir von Vorstellungen unterhalb unseres Wachbewußtseins; all unsere bewußten Gedanken kommen daher, all unsere Erfahrungen der Außenwelt versinken da hinein.

---

[1] Im Original "sorcery", ein Wort, das mit dem lat. sors, sortis verwandt ist; von sero, serui; "reihen". Ursprünglich "Los, Losstein, -tafel, -stäbchen" (die alten römischen Lose waren auf Fäden gereiht), somit auch "Orakelspruch, Weissagung" und auch "Schicksal, Los", daher occ. Rang, Art, Sorte. "Sorcerer" ist somit einer, der weissagt, über das Schicksal befindet; heutzutage wohl auch einer, der sich und die Welt "auf die Reihe" kriegt; vgl. in der obigen Definition das "Aussortieren" der Kräfte.
Im Gegensatz dazu ist die Herkunft des dt. "Zauber" unklar, dürfte jedoch mit einem altangels. Wort für "Rötel" zusammenhängen; die Runen waren zu Zauberzwecken rot gefärbt. Welches Wort sich jedoch von welchem ableitet, ist unklar.
Im Englischen steht ein weiteres Wort für Zauberer zur Verfügung: wizard. Dies hängt auf recht naheliegende Weise mit "wissen, Weisheit" zusammen, bedeutet also "Wissender, Weiser". Im Text habe ich wohl oder übel beides mit "Zauberer" übersetzt. Für "Zaubern" lies i.a. "sorcery"; d.Ü.

[2] Das leidige Problem, "mind" zu übersetzen; hier findet der Leser meist "Gemüt" und "Geist", manchmal vielleicht "Bewußtsein". In jedem Fall geht aber die hermetische, selbstbezogene Qualität des MEIN verloren, but that's life in Germany; d.Ü.

Vorbeigehende Ereignisse, solche von geringer Kraft, lösen sich nach einiger Zeit auf, doch wiederholte Erfahrungen und solche von großer Kraft oder Emotionen errichten psychische Strukturen - Geister - die ein selbständiges Leben haben. Daher wird ein Waldbewohner finden, daß er in seiner Psyche den Geist des Waldes trägt, ein Heranreifender wird (durch die von seinem Hormonschwall erzeugten Emotionen) einen Geist der Lust zum Keimen bringen, und ein sexuell unterdrückter Neurotiker einen Dämon erschaffen, um seine Lust "in Gewahrsam" zu halten.

Wir sehen also, daß wir selbständig Geister zu erschaffen vermögen, und wenn wir das alle für einen gemeinsam tun, können sie wie Götter werden. Das Verlangen des Neurotikers, (sagen wir) seine besitzergreifende Mutter zu beschwichtigen, zeugt seinen Dämon, ein Wesen, das allein in seinem Gemüt nistet. Die Erwartungen einer Gruppe von Leuten aber kann eine gemeinsame Kraft erzeugen, die die Gedanken und Taten jedes einzelnen darin beeinflussen wird. Das Verlangen der Phönizier nach Sicherheit in einer gefahrvollen Welt erschuf ihren scheußlichen Gott Moloch. Das Verlangen der Juden, ihren Stamm zusammenzuhalten, brachte den eifersüchtigen Jahwe hervor. Und das menschliche Verlangen, das "Ich" über die Pforten des Todes hinaus intakt zu halten, erzeugte die erlösenden Geister, die verschiedentlich als Osiris, Orpheus, Mithras und Christus bekannt sind.

Hier muß ich betonen, daß ich diese Götter nicht verunglimpfen will, weder den kinderverschlingenden Moloch noch den Jesus, dessen Körper und Blut die Christen konsumieren[3]. Diese Götter haben die Kraft, welche ihnen ihre Anhänger geben - ob durch Hingabe, Ritual oder Blutvergießen. Wenn diese Energie mit Ernsthaftigkeit gegeben und kompetent ausgerichtet wird, wird sie Veränderung bewirken. Das geschieht am augenscheinlichsten mit dem unbewußten Geist des Verehrenden, doch auch - da das Unbewußte seine Wurzel im Geist des Absoluten hat - in der Außenwelt. Dies ist der Mechanismus hinter der Kraft des Gebets.

Doch es gibt ein Problem mit dem Gebrauch bereits existierender Geister. Ohne Unterschied kommen sie daher mit enormen Mengen von Moral und theologischer Befrachtung, ganzen Bündeln von Glauben und Selbstgerechtigkeit, die du mit dir auf deinem Weg durch die Welt herumschleppen mußt. Wenn du an Moloch glaubst, weißt du, daß er weder durch Gebet noch durch Weihrauch noch einen ehrsamen Lebenswandel zufriedengestellt werden kann - nur dein erstgeborener Sohn wird ihm genügen. Wenn du an Christus glaubst, wird dein Opfer subtiler sein; du mußt deinen "menschlichen" Willen aufgeben und dich seinem göttlichen unterwerfen, wenn du aus der Ewigen Verdammnis gerettet werden sollst. Und sogar viele Zauberer müssen einige Freiheiten aufgeben, um ihre Kunst auszuüben.

---

[3] In der Kommunion verzehren; d.Ü.

Im Westen ist die gebräuchlichste Schule der Magie jene der Rosenkreuzer. Rosenkreuzmagier strukturieren ihre Gemütskräfte entsprechend einem Kraftplan, welcher Lebensbaum genannt wird, eine geometrische Anordnung, die zuerst vor Jahrhunderten von jüdischen Mystikern getroffen wurde, die sich der als Kabbala bekannten Tradition verschrieben hatten. Ehe du Rosenkreuzermagie ausüben kannst, mußt du deinem unbewußten Geist dieses Schema einprägen und all deine Wahrnehmung und Gemütskräfte in dessen Termini definieren. Ob du also den blutigen Moloch anbetest oder danach strebst, ein mystischer Weiser zu werden, immernoch steckst du mit der alten Formel fest, und wenn du finden solltest, daß die Dinge in Wahrheit ganz anders liegen, kann sich dein Problem als unlösbar entpuppen.

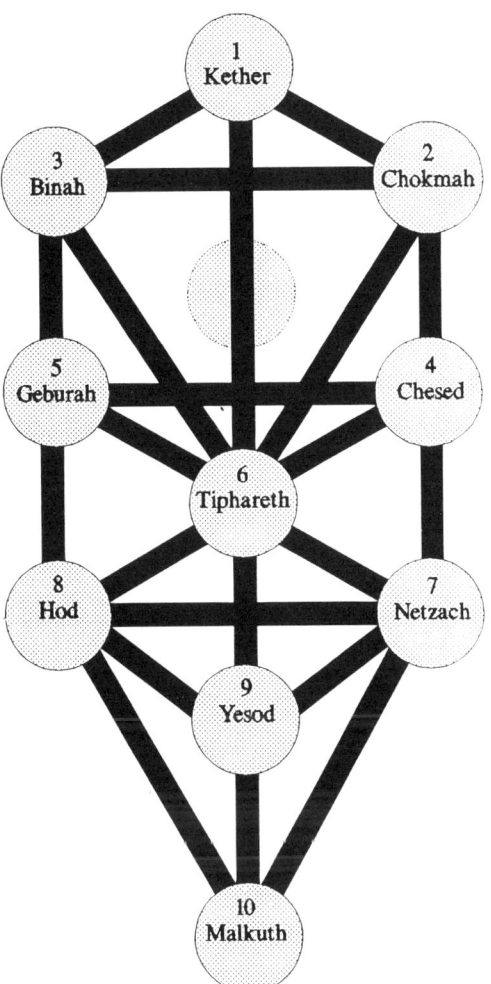

9

III. Das Feuer vom Himmel stehlen

In diesem Essay bieten wir eine Technik an, welche Individuen dazu benützen können, um exakt auf ihre eigenen unbewußten Realitäten zugeschnittene Zaubersysteme zu erschaffen. Indem er unseren Anweisungen folgt, kann der Leser (oder die Leserin) sein unter der Bewußtseinsschwelle liegendes Selbst dazu anregen, seine eigenen Symbole zu entwerfen, um die Kräfte, die er darin findet, darzustellen. Sein Resultat wird in der Essenz eine persönliche Sprache der Kraft sein, eine, die nur für ihn selbst von Bedeutung ist, doch voll Potential, da es seine eigene Seele ist, die sich auf diese Art und Weise ausdrückt.

IV. Die Magischen Aufzeichnungen

Unsere Zauberei ist somit eine Psychotechnologie - wir identifizieren Bestandteile innerhalb unserer Psyche, entdecken die ihren Bewegungen zugrundeliegenden Mechanismen und gebrauchen verschiedenerlei Techniken, um sie zu manipulieren. Der beste Weg jedoch, jedwelchem technischen Unterfangen näherzutreten, ist wissenschaftlich, und die Essenz der Wissenschaft besteht darin, genaue Aufzeichnungen zu führen. Es ist nötig für dich, das was du tust, aufzuzeichnen, damit du weißt, welche Methoden für dich wirksam sind und welche nicht, und welche wirken, nachdem du sie eine Weile lang praktiziert hast. Es ist nötig für dich aufzuzeichnen, was im Fall eines Erfolgs geschieht, so daß du Einsicht in die Natur der Kraft gewinnen kannst, der du begegnet bist, und wie du sie weiter zu untersuchen vermagst. Es ist nötig für dich, die wichtigeren Ereignisse in deinem mentalen und emotionalen Leben aufzuzeichnen, auf daß du wissen kannst, welche Probleme dazu neigen, wiederzukommen und also möglicherweise einen Dämon zum Ursprung haben. Es ist nötig für dich, deine Kräfte zu beschreiben, wie du sie findest - ihre Namen, Symbole und anscheinende Wesensart. Du brauchst Aufzeichnungen über den Effekt, den deine Zauberkunst auf dein Leben insgesamt ausübt.

Ein Spiralheft reicht dafür.

V. Das Bewältigen der Strecke

An diesem Punkt wird der aufmerksame Leser zum Schluß gelangt sein, daß Zaubern keine Sache ist, die sich über Nacht erledigen läßt, und er wird Recht haben. Tatsächlich ist es eines der Dinge, welche eine lebenslange Angelegenheit sind. Eine gute Analogie dazu ist vielleicht die Musik. Ein Musikinstrument zu beherrschen, dauert ein paar Jahre, und danach kommen immer höher emporsteigende Stufen der Meisterschaft. Natürlich beschäftigen sich Meister mit nicht viel anderem als Musik, und Zaubern kann ebenfalls ganz schön allumfassend sein. Weil Zaubern jedoch jeden möglichen Aspekt der Existenz berührt (was das Flötenspiel mit einschließt), ist es ganz und gar nicht einschränkend. Ehrlich.

10

Es braucht also Jahre. Wenn solches der Fall ist, ist das Schrittempo wichtig - du mußt wissen, was du wann zu tun hast, und wieviel Zeit du dafür aufbringen mußt. Einiges kannst du gleich angehen, wie etwa das Bannungsritual im nächsten Kapitel und die Beschwörung mit Sigillen und freiem Glauben, die in Kapitel VIII wiedergegeben ist. Wenn diese leicht fallen und dir gute Ergebnisse zeitigen, na gut, Mozart war auch ein ganz schön schneller Schüler auf dem Klavier und ging gleich über zum schwierigeren Zeug. Doch wenn du herausfindest, daß du nicht wirklich über die Konzentration verfügst, gleißende Ringe zu visualisieren, oder deine Leidenschaften zu stark sind, um sie zu beschneiden, oder du nicht die Willenskraft besitzt, irgendetwas zu vergessen, dann solltest du ein, zwei Jahre auf die im Kapitel XXI empfohlenen Methoden verwenden. Ich habe sie hintangestellt, da es sich bei ihnen mehr um Gemütskontrolle als um Zaubern handelt, gleichwohl nimmt ihnen das nichts von ihrer Wichtigkeit.

Sie zu beherrschen, bedeutet ein gutes Pferd zu trainieren, das du reiten kannst, um alle wilden Bestien in deiner Psyche zusammenzutreiben.

VI. Ein Bannungsritual

Zaubern ist die Kunst, Geister einzufangen und sie darin zu unterweisen, Arbeit im Gespann zu leisten. Die Arena, in welcher diese Zügelung und Unterweisung stattfindet, liegt in der Vorstellungsgabe des Zauberers, dem Feld, auf welchem bewußte Absicht auf unbewußte Neigung trifft. Bevor der Zauberer jedoch dieses Feld bearbeiten kann, braucht er ein Mittel, es freizumachen, sowohl bevor er irgendein Werk beginnt, als auch nachdem er es beendigt. Bevor er beginnt, muß er die schweifenden Gedanken, populäre Musikstücke und chronische Ressentiments abmähen, welche sich in sein Werk drängen mögen: Wenn er fertig ist, muß er seine Geister zurück in ihre eigenen Gefilde senden, denn anders könnten sie in seinem Bewußtsein "herumhängen" und sich unkontrolliert einmischen, was eventuell eine Besessenheit hervorrufen könnte.

Traditionelle Zauberer haben ihre Vorstellung mit Bannungsritualen gereinigt, kurzen Einkreisungszeremonien; dafür entworfen, um ihre Aura mit Licht zu durchfluten und sie vor darauffolgender Kontaminierung zu bewahren, zumindest für eine kurze Weile. Magier von der Art der Rosenkreuzer haben im allgemeinen das Pentagrammritual dafür herangezogen, doch obgleich dieses sehr effektvoll ist, hängt es symbolisch vom kabbalistischen System ab und ist daher ungeeignet für einen jeden, der vermeiden will, sich diesen Klotz an den Hals zu hängen. An seiner Stelle biete ich einen Ritus an, der mir von einem meiner eigenen Lehrer, Frater O.T.L. übergeben wurde, der mir erzählte, es handle sich dabei um die Erfindung des englischen Zauberers Austin Osman Spare (1886-1956). Während all meiner darauffolgenden Studien Spares habe ich diesen Ritus nie im Druck gesehen, doch er funktioniert, und ich habe ihn jahrelang mit guten Ergebnissen verwendet. Er hat auch den Vorzug der Einfachheit. Wenn du ihn erst einmal kennst, kannst du ihn in ein paar Sekunden in deiner Vorstellung ausführen, und es gibt darin kein einziges mystisches Symbol.

Zu Beginn schließe deine Augen und imaginiere eine vertikale Linie aus weißem Licht, die sich vom Nadir zum Zenit erstreckt und genau durch den Gesichtspunkt hinter deinen Augen verläuft.

Alsdann imaginiere einen Lichtpunkt etwa einen 1/2 Meter frontal vor diesem Gesichtspunkt. Mit diesem Punkt ziehe einen horizontalen Kreis um deinen Kopf. Dann ziehe eine Ellipse, indem du diesen Lichtpunkt über deinen Kopf laufen läßt, hinter deinem Rücken abwärts, unter deinen Füßen durch und wieder zurück bis über deinen Kopf. Sodann ziehe eine weitere Ellipse über deinem Kopf, entlang einer Seite hinab, unter deinen Füßen durch und die andere Seite hinauf bis über deinen Kopf. Wenn du fertig bist, solltest du dich inmitten eines Hohlkörpers befinden.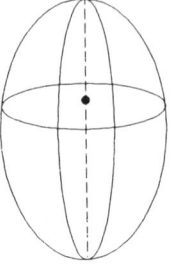

Nachdem deine Befestigungen nun errichtet sind, kannst du deine Imagination reinigen. Dazu verwandelst du die Linie, die du zuerst visualisiert hast, in eine Feuersäule und läßt diese sich auswärts durch deine drei Ringe hindurch ausdehnen. Während sie das tut, schleudere alle hartnäckigen Gedanken- oder Phantasiebilder in die Flammen und sieh zu, wie sie verbrennen, bis nichts übrig ist außer drei gleißenden weißen Ringen.

Und das ist auch schon alles.

Neben den Diensten, die dies dir leistet, indem dein Geist und Gemüt vor und nach magischen Operationen reingespült werden, ist Bannen deine erste Verteidigungsmaßnahme gegen obsessive Gedanken von innen und psychische Attacken jeder Art von außen. Bannungsrituale haben außerdem die positive Nebenwirkung, die Aura des Zauberers zu härten, indem sie einen psychischen Schild bilden, der sein Bewußtsein zusammenhält und löchernde Einmischungen der Außenwelt zurückweist. Durch oftmaliges (vier-, fünfmal täglich dein restliches Leben lang) Bannen wird der Zauberer eine Aura entwickeln, die so hart ist, daß er imstande sein wird, viele der gewohnten Abwehrhaltungen aufzugeben, die sich an seine persönliche Lebenseinstellung angeheftet haben mögen. Auf diese Weise ist Bannen ein essentielles Werkzeug für den angehenden Zauberer, und es ist von vitaler Bedeutung, es sich zur Gewohnheit werden zu lassen.

VII. Beschwören

Wir wollen Beschwören definieren als jeden Versuch, "psychische" oder "spirituelle" Kraft einzusetzen, um entweder im Zauberer selbst oder in seinen Lebensumständen eine gewollte Veränderung zu bewirken. Daher ist das Gebet an eine Gottheit, an die man "glaubt", eine Form der Beschwörung, wenngleich eine, die wir hier außer acht lassen wollen, weil sie keine Fertigkeiten, sondern nur Hingabe erfordert. Beim Zaubern ist Fertigkeit alles, Glauben sehr wenig, und Ausdauer tritt an die Stelle von Hingabe.

Ausdauer dann aber auf welches Ziel gerichtet? Das heißt: Warum überhaupt beschwören? Um dir zu helfen, deinen Willen zu tun, wie auch immer dieser sein mag, natürlich.

Einige Beispiele:

Wenn du ein Verkaufstalent bist, doch Autofahren haßt, beschwöre deinen Dämon herauf, der an der Wurzel deiner Abneigung sitzt, und zwinge ihn stillzuhalten. Und wenn du gerade dabei bist, könntest du gleich auch deinen Gedächtnisgeist energetisieren - um dich besser an die Namen deiner Kunden, ihre Telephonnummern und die Werte deiner Handelswaren zu erinnern.

Wenn du ein vollendeter Politiker bist, doch eine Null als Redner, ruf deinen Geist der Beredsamkeit an, energetisiere ihn, und gebrauche ihn, um Talismane zu laden, die du beim Sprechen und Schreiben trägst. Und vielleicht möchtest du auch perspektivische Kräfte invozieren, auf daß du mit den Augen jener Splittergruppen sehen kannst, die du zusammenführen mußt, und dabei jene Standpunkte entdeckst, die sie glauben, einnehmen zu müssen, sowie Arten, auf die du sie überreden kannst, in nicht essentiellen Anliegen Kompromisse einzugehen.

Wenn du ein Athlet bist, beschwöre den Geist, der deine strapazierten Muskeln entspannen soll, damit sie sich dehnen, anstatt zu reißen. Und du könntest in dir auch nach Kräften suchen, die dir die Agilität, Gewahrsamkeit deiner Körperfunktionen und Ausbruche momentaner Energie geben werden, die du brauchst, um im Wettkampf zu bestehen.

Wenn du ein sexuell unterdrückter Neurotiker bist, ruf deinen dir von der Mutter eingeflößten (oder welchen auch immer) Dämon herauf und leg ihn in Eisen, dann beschwör deine verschrumpelte Sexualität, daß sie genährt, geheilt und anders zum Blühen gebracht werden möge.

Kurz, ruf die Kräfte herauf, die deinem natürlichen Genius Flügel verleihen helfen, und kerkere die Dämonen ein, die daran arbeiten, ihn in ihren Sumpf hinabzuziehen.

So gesehen jedoch, erscheint Zaubern überhaupt nicht als Weg, Wunder zu wirken, sondern lediglich (wie wir gesagt haben) als eine Psychotechnologie. Das ist eine gute Betrachtungsweise, doch selbst eine Psychotechnologie kann mit "Wundern" aufwarten, wenn du die Beschränkungen des Begriffs "Psyche" weit genug ausdehnen kannst. In der Theorie verschmilzt unser unbewußtes Gemüt letztendlich mit jenem Gottes, wenn wir also so tief arbeiten können, werden Alle Dinge Unserem Willen untertan. Hier freilich wird die Moral einer solchen Art des Arbeitens zweifelhaft. Auf der allerunschuldigsten Ebene sind Kräfte wie Vorahnungen, worin man die kosmischen Trends abliest, so daß man sein Leben (oder sogar sein Aktienpaket) mit ihnen in Einklang bringt. Auf der allerkorrumpiertesten Ebene sind Kräfte das, was widerspenstige Sexobjekte festnagelt und reichen Onkeln Herzattacken beschert.

Zwei Punkte müssen hier klargestellt werden:

1. Beschwörung ist bloß ein Werkzeug; was du damit tust, zum Guten oder zum Bösen, obliegt deiner eigenen Verantwortung. Ein Schälmesser ist auch nur ein Werkzeug. Du kannst Kartoffeln damit die Haut abziehen oder deiner Schwester. Der einzige Unterschied zwischen Zaubern und Messern ist der, daß du denken magst, es sei sicherer, deine Schwester mit fünf Dutzend Teufeln zu verfluchen als sie in Scheibchen zu schneiden, da die Bullen dich nicht wegen eines Fluches festnehmen können. Vielleicht nicht, doch dann könnte es dein Karma sein, oder ein anderer Magier, oder all jene Teufel, die sich auf dem Heimweg befinden, nachdem deine Schwester mit ihrem Wagen in einen Brückenpfeiler gekracht ist. Wenn du Magie benutzt, um "zu bekommen" (ob Reichtum, einen Fick oder deine Rache), statt "zu erkennen" oder "einzutauschen" oder "zu machen", wirst du eine Mauer zwischen dir und dem Rest des Universums errichten - zwischen dem Empfänger und dem Empfangenen - und dich auf diese Weise von der Quelle deiner Kraft ausschließen.

2. Es ist sicherer, Beschwörungen vorzunehmen, um deine Fähigkeit, deinen Willen zu tun, zu verbessern, als um zu bewirken, daß die Welt mit deinem Willen konform geht. Wenn du selbst dich änderst, sendest du keine Kräftewellen in die Welt hinaus, und somit brauchst du keinen Schwall zurück zu befürchten. Wenn du hingegen versuchst, äußere Ereignisse auf dein Geheiß reagieren zu lassen, drohen solche Rückschläge ständig. Wir werden ein paar dieser Gefahren untersuchen, wenn wir zu Kapitel IX kommen.

Natürlich mußt du, gleich wie du Macht beim Zaubern gebrauchst, diese zuerst heraufrufen, wofür das Beschwören gut ist. Wenn du konventioneller magischer Praxis folgst, wirst du deine Beschwörungen durchführen, indem du die gewünschte Kraft nachahmst, bis diese aus den Tiefen deiner Psyche Antwort gibt und somit verfügbar wird, um deinen Willen zu tun. Die Art und Weise, in der du eine Kraft nachahmen kannst, ist, dich in ein Gewand des Symbolismus zu kleiden und dabei Bilder "anzuziehen", die jene ins Gemüt rufen. Dann energetisierst du deinen mentalen Zustand durch Ritualtechniken - Tanzen und Chanten, Sex und Opfer, Wein und Weihrauch und seltene Drogen. Wenn deine Emotion stark genug ist, um alle Hemmungen zu überwinden, wird die Simulation Wirklichkeit, und du erkennst dich als den Gott, bereit dazu deinen Willen auf die Welt auszuüben.

Natürlich bedeutet das, daß der angehende Zauberer im vornherein wissen muß, welche Kräfte zur Nachahmung verfügbar sind, und welche Art von Handlung für jede einzelne erforderlich ist. In der herkömmlichen Magie wird dieses Wissen von einer okkulten Tradition zur Verfügung gestellt. Der Zauberer verschreibt sich anfangs seiner Laufbahn einer solchen, prägt seinem Geist deren Symbolismus auf und organisiert seine Kräfte in ihren Fachausdrücken. Im Westen ist die prinzipielle Tradition jene der Rosenkreuzer, die aus dem Studium der hebräischen Kabbala durch freidenkende Christen erwachsen ist.

Zauberer, die sich ihr verschreiben, ordnen ihre Kräfte gemäß den zehn "Sphären" des kabbalistischen "Lebensbaums" und den zweiundzwanzig "Pfaden", welche diese verbinden. Jeder Punkt auf dem Baum ist Heimstatt einer Kraft und besitzt seinen eigenen Satz relevanter Symbole: Farben, Zahlen, Pflanzen, Drogen, Metalle, Gottesnamen, Gottesbilder. Ein Neophyt in einem Rosenkreuzerorden wird mit diesem Symbolismus indoktriniert, und dieser ist ihm geläufig; er ist in der Lage, seine Rituale so auszustaffieren, daß diese denjenigen Kräften eigentümlich werden, die er zu invozieren wünscht.

Eine weniger intellektualisierte Tradition beim Zaubern ist jene des haitischen Voodoo. Im Voodoo heißen die verschiedenen Kräfte "Loa", und sie werden durch Tanzen invoziert, woraufhin sie den Zauberer in einer dramatischen Besessenheit "reiten". Während dieser Zeit können sie Wissen und Kraft übertragen und magische Sprüche ausführen. Doch bevor ein haitischer Mann seine Einweihung als Houngan empfängt (oder eine Frau diejenige als Mambo) muß er zuerst eine lange Zeit als Diener verbringen - als Lehrling im Tempel eines Houngan. Während dieser Zeit wird er aus erster Hand die Haltungen und Stellungen kennenlernen, die der Körper seines Lehrmeisters einnimmt, wenn die verschiedenen Loa seine Seele verrücken. Im Tanz, der seiner eigenen Initiation folgt, wird der neue Houngan damit beginnen, die Bewegungen der diversen Loa nachzuahmen, bis die Loa selbst aus seinem Unbewußten angezogen werden und in einer wirklichen Besessenheit ihn übernehmen. Wie die Rosenkreuzer simuliert der Voodoo-Priester die Wesensart der unbewußten Kraft selbst dann, wenn die Trommeln seinen bewußten Geist in die Vergessenheit hämmern. Wenn das gewollte Mimikry auf die wahre Kraft trifft, fließt diese in die Seele des Priesters ein, und er hat eine Chance, sie für seine eigenen Zwecke zu verwenden.

Abhängig von der Kultur hat jede Zauberlehre ihre eigenen typischen Kostüme für die Kräfte, die sie definiert. Ein Rosenkreuzer muß lernen, daß destruktive Veränderung der fünften Sphäre des Lebensbaumes zugeschrieben wird - Geburah, was Unerbittlichkeit bedeutet. Ihre Gottesnamen sind Mars, Ares, Horus und Elohim Gibor. Ihr Erzengel ist Kamael; ihr Engel Zamael; ihr Geist Bartzabel. Ihre Farbe ist rot; ihr Kraut ist die Nessel; ihre Droge ist Tabak; ihr Metall ist Eisen. Auf der anderen Seite weiß der Houngan, daß der Krieger-Loa Ogoun ist. Ogoun ist unerbittlich, er ist Schmied, er trinkt Rum, er raucht Tabak. Und da Voodoo westafrikanische Zauberei unter römisch-katholischer Tünche ist, wird er dem Hl. Georg zugeschrieben. Wenn Ogoun einen Houngan reitet, fuchtelt der Mann, während er tanzt, wild mit der Machete und gebraucht diese, um die Mitglieder seiner société zu stoßen und zu schlagen. Ungeachtet seines normalen Verhaltens nimmt der Houngan, wenn Ogoun ihn reitet, eine Haltung imperialer Arroganz ein.

Ob er also aus Europa oder der Karibik kommt, der Zauberer, der sich auf eine Tradition verläßt, bindet sich willentlich an diese. Das weicht offensichtlich von dem Zweck ab, der in Kapitel III festgehalten wurde, und somit müssen wir einen nicht-traditionellen Zugang beschreiten.

Derjenige, den wir hier vorstellen, wurde zuerst von Austin Osman Spare formuliert, dem Engländer, der uns (zugeschriebenerweise) das nicht-traditionelle Bannungsritual gegeben hat, das im vorigen Abschnitt beschrieben wurde. Für Spare war die Formel des Mimikry lächerlich. "Ist es durch das Symbolisieren, daß wir zum Symbolisierten werden?" fragte er im *Buch der Freude*[4]. "Würde ich mich selbst krönen, wäre ich dann König? Vielmehr wäre ich Gegenstand von Abscheu oder Mitleid." Er hatte das Gefühl, daß es nicht nötig sei, elaborierte Rituale zu verwenden, um Göttlichkeit zu emulieren, da alles Leben bereits göttlich ist, und ein Geschöpf dies in der Praxis nur realisieren könne, wenn es fähig sei, sich von den Beschränkungen wie Instinkt, Leidenschaft und Glauben zu lösen. Noch läge Sinn darin, einen traditionellen Symbolismus zu assimilieren, sowohl weil alles Überlieferte unvermeidlich veraltet sei, als auch weil die potentesten Symbole für jeden gegebenen Zauberer innerhalb des eigenen Unbewußten jenes Zauberers gefunden werden könnten, seiner tatsächlichen Verbindung zur Kraft am Ursprung von uns allen.

Doch wenn man das Verhalten der Kräfte in seinem dunklen Weiher nicht nachäfft, wie bringt man sie dazu zu reagieren? Spare fand die Antwort darauf im Verhalten des Unbewußten selbst, in seiner reflexiven Reaktion auf Unterdrückung und Mißachtung.

Um Spares Technik auszuüben, zieht der Zauberer kein Ritual heran, um die Kraft aufzurufen, die er braucht, um sein Verlangen zu erfüllen. Stattdessen erreicht er das Verlangte, indem er den Gedanken daran erstickt. Er gestattet nicht, es sich zu überlegen, und wenn es sich in seine Gedankengänge einschleichen sollte, unterdrückt er es, sobald er seiner Anwesenheit gewahr wird.

Spare nannte diese absichtliche Unterdrückung "das Verlangen organisch machen". Wenn wir über ein Begehr in unserem Gemüt verweilen, verstricken wir uns in rationale Versuche, es zufriedenzustellen; Versuche, die unsere Energie an strukturierte Schemata binden, welche sich dem essentiellen Kraftfluidum in den Weg stellen. Wir verschwenden unsere Energie damit, Träume zu spinnen - Gewebe aus Methode und Motivation, Hoffnung und Versagensangst - Schleier, die uns davon abhalten, uns selbst als Knotenpunkte[5] der Kraft zu sehen, die direkt mit der Unendlichkeit in Verbindung stehen. Wenn wir jedoch unsere Begierden

---

4   Spare, *The Book of Pleasure*, 1913; In Deutsch erschienen: Austin Osman Spare, *Gesammelte Werke*, Edition Ananael, Wien 1990. Dieses Buch enthält u.a. oben genannte Texte *Das Buch der Freude*.

5   Nodi, Schwingungsknoten; d.Ü.

unterdrücken, schwinden sie aus unserem Bewußtsein und kehren sich zu sich selbst - werden zu unterscheidbaren Wesenheiten - und wenn wir genug Energie in sie einfließen lassen können (selbst während wir den Gedanken an sie aus unserem Wachbewußtsein heraushalten), werden sie in den Urquell des Schicksals sinken, wo die Energie befähigt sein wird, den Schicksalsfluß nach unserem Willen auszurichten.

Meines Wissens war Spare einzigartig in seinem Gebrauch der Unterdrückung. Alle anderen Zaubersysteme - von Voodoo zu Tantra und Wicca und den Rosenkreuzern - verwenden irgendeine Form der rituellen Identifizierung, um die Kraft anzurufen. Selbstverständlich kennt man Unterdrückung eher als pathologische Funktion denn als kreative. Sie wird als primäre Ursache von Neurose, insbesonders hysterischer Neurose angesehen, und sogar Poltergeistphänomene werden ihr zugeschrieben. Doch das ist Krankheit, nicht Zaubern, und die einzigen Kräfte, die hervorgebracht werden, sind dämonisch - niemandem zu Nutzen. Bei Spares Methode ist Unterdrückung bloß eine List. Der Zauberer ist sich seiner Absicht und seines Plans völlig bewußt, bevor er beginnt; damit seine Operation gelingt, muß die Gesamtheit seines Willens, Verlangens und Glaubens dahinterstehen. Es ist erst wenn er alles geordnet hat und sein Werk beginnt, daß er seine Gedanken von seiner Absicht reinigen muß.

VIII. A. O. Spares elementare Beschwörungstechnik

Um erfolgreich zu beschwören, muß also der Zauberer, der sich der Unterdrückung bedient, sein Verlangen ersticken, so daß es sich von seinem Ego abspaltet, und es dann energetisieren, so daß es seine Mission erfüllen kann. Und es muß energetisiert werden, einfaches Vergessen ist nicht genug. Bei einem sexuell unterdrückten Neurotiker beispielsweise wird sein Dämon jedesmal energetisiert, wenn ihn seine Mutter bittet, sie Freitag abend ins Kino auszuführen. Unsere Herzenswünsche verdienen das ebenso, also brauchen wir eine Weise, sie mit wahrer Emotion aufzuladen. Dafür empfahl Spare die Anwendung des "Weder-Noch Prinzips", um eine Art der Energie zu erzeugen, die er "freier Glaube" nannte.

Das Weder-Noch Prinzip behauptet, daß es nirgendwo eine Wahrheit gebe, die nicht irgendwo durch ein gleichermaßen wahres Gegenteil balanciert würde, und daß es nur Perspektive und Umstände sind, an Hand derer man festlegen könne, welche davon an einem beliebigen Zeitpunkt eher wahr erscheint. Um dieses Prinzip auf Beschwörungen anzuwenden, warte bis du absolut sicher bist, etwas sei wahr, und suche dann nach dem Gegenteil[6]. Wenn du es gefunden hast, stell

---

6   Das Weder-Noch funktioniert gegen jede Art der Beschränkung, materielle Gegenstände so gut wie politische Meinungen und Herzensgefühle. Wenn deine "Wahrheit" beispielsweise die Tatsache ist, daß dein Haus existiert, blicke einfach die Jahre voraus und stelle dir seinen langsamen Verfall vor, bis es letztendlich zum Staub zurückkehrt, selbst wenn es einen Gletscher braucht, es darin zu vermahlen.

17

es deiner "Wahrheit" gegenüber und laß beide einander so gut es geht auslöschen. Jedes Überbleibsel solltest du seinem Gegenteil gegenüberstellen und so weiter, bis deine Wahrheit zerstückelt ist, und die Leidenschaft dahinter in ungerichtete Energie - freien Glauben - umgewandelt ist. Durch Anwendung des Weder-Noch können wir jene bedeutungslosen Überzeugungen ausschlachten, die von uns täglich Besitz nehmen, und die freigesetzte Kraft nutzen, um die von uns ersehnten Veränderungen zu bewirken.

Wenn erst einmal freier Glaube erzeugt wurde, muß der Zauberer jenen in sein Verlangen hinein fokussieren, ohne dabei dem Verlangen selbst zu gestatten, seine Gedanken zu kontaminieren. Um das zu erreichen, gebrauchte Spare Sigille - aus Linienelementen zusammengesetzte Figuren, die der Zauberer entwirft, um seine Wünsche darzustellen. Sigille dienen ihm als Wege, freien Willen in sein Verlangen zu fokussieren, ohne dessen unbewußten Schlaf zu stören. Indem er freien Glauben dafür verwendet, seiner Imagination ein Sigill einzuprägen, preßt der Zauberer die Kraft durch seine Tiefenpsyche hindurch in das Gemüt Gottes, wo sie jede Inspiration oder jeden Zufall hervorbringen kann, derer er bedürfen mag.

Sein Sigill muß jedoch speziell sein; nicht jeder Entwurf wird geeignet sein. Sie muß psychisch bedeutsam sein, auch wenn sie keinen Hinweis darauf gibt, welches Verlangen sie repräsentiert, also dürfen wir uns nicht des traditionellen Symbolismus bedienen. Wenn beispielsweise ein Zauberer das astrologische Symbol der Sonne dazu heranzieht, sein Begehr nach höherer Entlohnung darzustellen, wäre es seinem Geiste ein Leichtes, einer logischen Kette zu folgen, die zu Gedanken von Energie und Gold führt, der Substanz und dem Symbol von Wohlstand. Blitzartig würde er bei seinem Mangel daran hängenbleiben, und auf diese Weise wäre sein Unterdrückungsversuch gescheitert. Wir brauchen also eine Art und Weise, Sigille zu entwerfen, die wie gar nichts aussehen.

Spare schlägt uns eine Methode vor, die so einfach ist, daß sie vielleicht sogar perfekt ist. Der Zauberer schreibt einfach sein Begehr in einem kurzen, prägnanten Satz nieder, eliminiert die mehrfach vorkommenden Buchstaben und gebraucht die verbleibenden, um eine Linienstruktur zu entwerfen. Wenn er zum Beispiel einen fetteren Lohnscheck heimbringen wollte, könnte sein Satz lauten: "Ich will bei Morten mehr verdienen", wobei Morten der Name seines Dienstgebers wäre. Sein Sigill könnte folgendermaßen aussehen:

Wenn der Zauberer einmal sein Sigill entworfen hat, muß er es seinem Gedächtnis überantworten. Es muß dort so fest einen Platz haben, daß er es sich ins Gedächtnis rufen kann, wenn immer er freien Willen zur Verfügung hat, um es damit zu laden.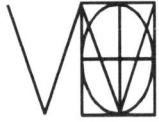

Sobald er sich der Gestalt seines Sigills gewiß ist, muß der Zauberer damit beginnen, sowohl das Sigill als auch sein Verlangen seinen Gedanken fernzuhalten. Er wird sich einfach nicht gestatten, daran zu denken. Im *Buch der Freude* schrieb Spare, daß, wenn so ein Sigill im normalen Gedankenstrom des Zauberers auftauche, er es willentlich hinausdrängen müsse, es in einem Willensakt vergessend. Das aktiviere es, so daß "es in der unbewußten Periode dominiert, seine Form gedeiht, und ihm gestattet wird, sich an das Unterbewußtsein zu heften und organisch zu werden." Auf diese Weise wird sein Sigill eingepflanzt und ist bereit dazu, mit welchem freien Glauben auch immer bewässert zu werden, den er in es zu gießen vermag.

Um diese Bewässerung in tatsächlicher Praxis auszuüben, muß der Zauberer in einen Zustand der Leere eintreten, freien Glauben generieren und diesen konzentriert auf sein Sigill fokussieren.

Leere ist ein Zustand der Gedankenlosigkeit, ein gereinigter Ort, sehr ähnlich jenem, zu dem ein Bannungsritual verhilft. Obwohl er im *Buch der Freude* Bannung nicht erwähnt, regt Spare doch an, daß Leere durch ausgedehnte Spaziergänge, Tennis, Alkohol, Yoga-Mantras und -Stellungen, sogar durch Solitairespielen erzeugt werden könne — durch alles, was das Bewußtsein des Zauberers festhält, so daß es seinem Sigill nicht übel mitspielen kann. Gleichermaßen, möchte ich hinzufügen, resultiert starke Leidenschaft, die in freien Glauben umgewandelt wird, oftmals in Leere, einfach weil der freie Glaube so intensiv ist, daß er keine zusammenhängenden Gedanken im Geist gestattet. In solchen Fällen ist es unbedingt erforderlich, die Energie in ein Sigill zu fokussieren, da sie sonst dem Verfall preisgegeben ist und Nahrung wird für mentale Bestien der übelsten Sorte.

Hat er die Leere erreicht, wird der Zauberer soviel freien Glauben aufbringen, wie er kann, und dazu verwenden, seinen Entwurf zu visualisieren.

Im Fall der Jobmagie unseres Zauberers könnte er sich befähigt fühlen, sein Sigill aufzuladen, wenn seine Frau zum fünfzehnten Mal fragt: "Und wann wirst du endlich das Haus anmalen?" Angewidert von ihrem zänkischen Ton wird er das Baseballspiel abdrehen und sich zur Garage aufmachen und dann erkennen, daß seine Irritation eine Kraft darstellt, die sich zu Umwandlung in freien Glauben eignet. Und während also sein Ego vom Gescharre seiner Scherspachtel abgetötet wird, wird er sich das schroffe Verhalten seiner Frau überlegen. Ist seine Irritation zu voller Blüte gediehen, wird er ihr begegnen, indem er sich daran erinnert, daß er versprochen hat, das Haus anzumalen, daß er die Sache schon seit vergangenem Herbst aufgeschoben hat, und daß die Arbeit mit dem nahenden Sommer nur noch schweißtreibender werden kann. Diese gegensätzlichen Perspektiven werden einander großteils aufheben, doch wird ein Rest übrig bleiben: eine Verärgerung darüber, daß das Haus überhaupt angemalt werden muß. Diesem wird er die Tatsache gegenüberstellen, daß alles dem Verfall geweiht ist, und wenn er diesem Einhalt gebieten will, er wirksame Schutzmaßnahmen ergreifen muß. Dies würde ihn mit der Unvermeidlichkeit von Verfall an sich allein lassen, welche die Basis für die Erste Erhabene Wahrheit des Buddha darstellt - daß Alles Leid ist. Er wird diese Stimmung zerstören, indem er Ausschau nach gerade vorhandenen Freudenplätzen hält, zu einer feuerroten Tulpe hinabblicken oder hinauf in den sattblauen Himmel, wobei er vielleicht sogar eine winzige Möve entdeckt, die sich hoch auf einer Brise dahintreiben läßt.

Mittlerweile wird die Verärgerung des Zauberers keine rationale Grundlage mehr haben, und die Energie, die er erzeugt hatte, indem er seine Frau ablehnte, nur mehr als undifferenziertes Potential existieren - freier Glaube. Er kann diesen auf seinen Willen zu höherer Entlohnung fokussieren, indem er seine Augen schließt, sein Sigill visualisiert und seine Vorstellungskraft nutzt, um sie mit Kraft anzureichern. Das Sigill sollte unter diesem Stimulans hell aufflammen, weißglühend gegen den nebligen Hintergrund, bis der freie Glaube aufgebraucht ist und die ursprüngliche Irritation fast vergessen. Dann wird das Gebilde dahinschwinden, und der Zauberer wird es aus seinem Gemüt entfernen, bis sich eine neue Quelle freien Glaubens erschließt, und er es zu einer Wiederaufladung aufruft. Er wird damit fortfahren, seinen freien Glauben in sein Sigill zu gießen, bis ihm Morten mehr Überstunden gibt, eine verantwortungsvollere Stelle oder die Möglichkeit, eine besser entlohnte Tätigkeit zu erlernen. Oder vielleicht wird der Zauberer erkennen, daß das Werk fehlschlagen muß, in welchem Fall er das Sigill aufgeben und dem Problem gegenüber einen anderen Kurs einschlagen wird.

IX. Die errettende Gnade des Fehlschlags; die Gefahren des Erfolgs

Wir verfügen nun also über die Technik, die Austin Spare für den angehenden Zauberstudenten angegeben hat. Bevor wir zum Zaubern für die weiter Fortgeschrittenen übergehen, sollten wir uns ein wenig ansehen, was im Fall des Erfolges oder Scheiterns von Beschwörungen passiert, und Wege suchen, auf denen wir gewisse Fallgruben vermeiden können, bevor wir hineinfallen.

Eigentlich ist ein Fehlschlag oft kein wirkliches Problem. Natürlich geschieht nichts, doch damit kann man meist leben. Wenn er darüber nachsinnt, wird der Zauberer oft erkennen, daß sein Begehr ohnedies seine Grenzen ein wenig überschritt, wie die Sehnsucht eines Mannes ohne Geld, der beschwört, um die Liebe der Tochter eines Reichen zu gewinnen. Selbst wenn er ihr Herz gewinnen könnte, würde es ihm auf lange Sicht gesehen mit ihrem Glück schwerer fallen, und er verzweifelte wahrscheinlich bereits, bevor noch ein Jahr verstrichen wäre. Das aber wüßte er bereits von Anfang an, zumindest unterschwellig, und so stünde sein Glaube im Zwiespalt mit seinem Willen und seinem Verlangen. Spare sagt uns, daß Wille, Verlangen und Glaube vereinigt sein müßten, damit Magie Erfolg haben könne, und dieses Beispiel mag belegen, daß der Magier besser fahren kann, wenn er scheitert.

Es ist im Fall des Erfolges, in dem unsere eigene Haut auf dem Spiel steht.

Die Gefahr im Erfolg zieht dann herauf, wenn der Zauberer sich einen falschen Begriff von der Dynamik des Schicksals macht. Magische Handlungen lösen ganz genau so wie solche in der physischen Welt Reaktionen aus, und ein spiritueller

Rückschlag kann ebenso verkrüppelnde Wirkung haben wie ein zerreißendes Stahlseil, das durch die Luft schnellt und deinen Fuß abtrennt.

Das Wesentliche dieses Spiels von Aktion und Reaktion kann in üblichen physikalischen Begriffen gut beschrieben werden. Für diese Abhandlung werden wir uns freilich auf drei große Prinzipien beschränken: 1. Den elektrischen Widerstand, ▪ 2. Die Trägheit und ▪ 3. Die energetische Entladung. Es mag andere geben, die ebenso wichtig sind, doch geben diese drei ein gutes Bild davon, welche Dinge nach einer erfolgreichen Beschwörung schiefgehen können, und wie man ein solches Mißgeschick vermeidet.

1. Elektrischer Widerstand. Kein Stromkreis ist vollkommen. Ausgenommen bei Temperaturen nahe dem absoluten Nullpunkt erzeugt die Bewegung der Elektronen Wärme; Kraft, die an die Luft verloren geht. Diese Art inneren Widerstandes ist auch auf das Zaubern anzuwenden. Jedesmal, wenn du die Außenwelt zu beeinflussen versuchst, selbst wenn du erwartest, für das Erhoffte zu bezahlen, wirst du ein wenig von irgendetwas verlieren. Du wirst bekommen, was du willst, doch es wird nicht ganz schmerzlos sein.

Ein Zauberer aus meinem Bekanntenkreis beispielsweise besitzt einen Verkaufsladen. Um seinen Handel anzukurbeln, fertigte er eine Auslagendekoration an mit einem versteckt angebrachten, zeremoniell aufgeladenen Talisman mitten darin. Der Kundenverkehr in seinem Laden nahm dramatisch zu, doch so auch die Diebstahlsquote. Er machte viel mehr Geld, als er ohne Talisman gemacht hätte, doch nicht soviel, wie er hätte machen können.

2. Trägheit. Trägheit ist beim Zaubern nicht ganz dasselbe wie in der Physik, doch ähnlich genug, um den Begriff zu rechtfertigen, besonders da ich keinen anderen passenden Ausdruck kenne. Für unsere Zwecke hier bedeutet Trägheit, daß das, was Magie bindet, zusammenbleibt, bis Magie es wieder löst, und ihre Auswirkung macht sich am deutlichsten in Herzensangelegenheiten bemerkbar. Wenn du John Doe[7] in eine unsterbliche Liebe hineinbeschwörst, wirst du dich an Johns unsterbliche Liebe gebunden finden, auch wenn du nur eine Woche brauchst, herauszufinden, daß du den Bastard verabscheust. Die Energie, die ihn zu dir gebracht hat, wird ihn an dir festhalten - ausgenommen natürlich, du kehrst zurück in deine Tiefenpsyche, um die Energie der Entflechtung aufzurufen und sie gegen deine Beziehung zu richten. Das Ärgerliche daran ist, daß wenn die Entflechtung einmal angefangen hat, es schwer sein kann, diese wieder anzuhalten, und wir selbst sind in Wirklichkeit nur Knoten und Knäuel aus Licht und allzuleicht selbst zu entflechten. Wenn du deine Verbindung verfluchst, wirst du einen Teil von dir verfluchen, und du verlierst am Ende möglicherweise deine Figur, dein Gesicht oder gar den Verstand, bevor du sie los bist.

Eine ebenso heimtückische Alternative sind reine Sexualbeschwörungen. Das Problem dabei ist, daß alles, was du bekommen wirst, Sex ist. Selbst wenn dir deine Magie deinen Seelengefährten, dein ein und alles, Herrn/Frau Richtig brin-

---

7   In diesem Zusammenhang etwa wie Lieschen Müller zu verstehen; d.Ü.

gen sollte, ist alles, was du bekommst, Sex, und du wirst nach jener einen gesegneten Nacht nie wieder etwas von ihm/ihr hören.

Die Lösung ist hier, keine Energie auszusenden, um eine andere Person zu dir zu bringen, sondern deine Kraft dafür zu verwenden, dich ganz allgemein für andere attraktiver zu machen. Auf diese Weise wirst du versuchen, nicht irgendjemand zu etwas zu zwingen, sondern dich unwiderstehlich zu machen, und so das Recht auf deine eigene Wahl behalten und der Liebe zu folgen, wohin sie auch führen mag.

3. Energieentladung. Die Dynamik der Energieentladung ist relevant, wenn ein Zauberer eine andere Person verflucht, ebenso wenn er Reichtum für sich beschwört.

Wenn ein Zauberer Kraft für einen Fluch heraufbeschwört, zielt die Energie darauf ab, alle widersprüchlichen Komponenten in der Persönlichkeit eines Feindes zu spalten. Der Fluch ist ein Paket aus Angst, Zorn und Verwirrung, entworfen dazu, sich in der Psyche der Zielperson als Geschwür festzusetzen, bis diese krank oder verrückt wird. Die Gefahr kommt dann, wenn das "Opfer" mit seinem Leben besser in Einklang steht, als der Zauberer mit dem seinen. Die Kraft wird dann keine Übel finden, die sie nähren könnten, und zu dem armen Trottel, der sie beschworen hat, zurückkehren und von seinen eigenen schmausen. Wenn das Opfer essentiell unschuldig ist und der Zauberer essentiell verdorben, fließt die Kraft dorthin, wo die Arbeit am leichtesten fällt, und der Zauberer bekommt sein eigenes Gift zu schmecken.

Die beste Alternative hierzu ist ganz einfach, überhaupt nicht zu verfluchen. Du kannst magische Kraft für Selbstschutz oder Verteidigung im Fall eines Angriffs benutzen, doch es ist niemals weise, Feindseligkeiten anzuzetteln. Selbst der schwärzeste Magier hat seine Aufgabe im Schicksalsstrom, und wenn er dagegen verstößt, wird das Schicksal auf seine eigene Art mit ihm verfahren. Wenn dich niemand wirklich attackiert, wirst du am besten daran tun, dich um deine eigenen Angelegenheiten zu kümmern und die Erhaltung des psychischen Friedens Gott überlassen.

Das Konzept der Energieentladung auf dem Weg des geringsten Widerstandes läßt sich auch auf Zaubern anwenden, welches materiellen Wohlstand hervorbringen soll. Der Widerstand ist hier nicht der früher erwähnte innere Widerstand, sondern stattdessen ein Produkt jenes universalen Naturgesetzes: Von nichts kommt nichts. Es ist nicht Reibungswärme; es handelt sich um die Kosmische Kontenführung, und es funktioniert so:

Wenn du Magie einsetzt, um Reichtum aus der Welt zu saugen, wird dieser aus der nächsten verfügbaren Quelle fließen - von dir und denen, die du liebst. Wenn du nichts hast, das von Wert ist und du freiwillig beisteuerst (etwa eine Fertigkeit oder eine Handelsware), wird das Bargeld von dem kommen, was gerade zur Hand ist, ungeachtet deiner Hoffnungen und Träume. Die zwei klassischen Formen von "Erfolg" sind hier jene, die sich auf Versicherungsleistungen und Erbschaften hinauslaufen. Die Erbschaften beinhalten den Tod einer geliebten Person; die Versicherungszahlungen entweder den eigenen Tod oder eine Verletzung.

Ich kannte einmal einen Zauberer, zumindest einen Adepten, der Magie gebrauchte, um Geld zu bekommen, und der zu zwei Anlässen große Summen erhielt. Das erste Mal war er auf seinem Motorrad unterwegs und mußte im Verkehr auf einem Ölfleck bremsen. Seine Versicherungsgesellschaft erwies sich als recht großzügig. Bei der zweiten Gelegenheit hob er sich einen Bruch an einer Kiste Salat und mußte eine nette Operation über sich ergehen lassen, was ihm monatelang Arbeitslosengeld einbrachte. Er schien jedoch mit dem Tausch zufrieden zu sein, was, nehme ich an, auch sein Vorrecht war.

Das soll jedoch nicht heißen, daß wir Magie nicht dazu verwenden sollen, um uns reich zu machen. Das Problem tritt auf, wenn du versuchst, zu Reichtum zu gelangen, ohne diesen zu produzieren; was du also tun solltest, ist, die Magie dazu zu benutzen, das Wissen und die Fähigkeiten zu erwerben, ihn dir selbst zu schaffen. Ob du einen Trick für Computer heraufbeschwörst oder ein weitblickendes Auge auf dem Aktienmarkt, du wirst deine Kraft verwenden, um dich zu verbessern, nicht um von Gott Wohlstand zu borgen. Wenn du letztendlich erfolgreich bist, wird deine einzige Sorge die Anpassung an die neue Situation sein, und nicht ein Überraschungsbesuch des Kosmischen Gebühreneintreibers, des spirituellen Muskelmanns, der in dein Leben platzt und dir die emotionalen Beine bricht.

X. Ein kurzer Blick auf fortgeschrittene Beschwörungstechnik

Mit der - obgleich recht elementaren - Technik von durch freien Glauben energetisierte Sigillen haben wir die erste Stufe unserer Magie abgeschlossen. Es gibt eine Menge mehr, viel davon (wenngleich nicht alles) ist die Erfindung unseres Freundes Spare. Er hat zwar niemals alle Details veröffentlicht, gleichwohl gibt er Hinweise auf eine komplette und höhere Ebene des Arbeitens, und wenn wir diese Hinweise kombinieren mit den Schriften seines Biographen, Kenneth Grant, können wir ein äußerst kraftvolles System synthetisieren. Dieses schließt allerdings beachtliche Risiken mit ein. Während man es, kompetent ausgeübt, soweit man will, zu erstrecken vermag, kann der Inkompetente schnurstracks ins Irrenhaus, Gefängnis oder in sein Grab stolpern. Das Schlüsselwort dabei ist **stolpern**, was heißt, daß man nicht in die fortgeschrittene Ebene drängen sollte, wenn man nicht vollkommen vertraut ist mit jener der Anfänger. Und selbst nachdem du einige magische Erfahrung gesammelt hast, mußt du immer noch Sorgfalt walten lassen und dir Zeit nehmen, denn wenn du hastest, könntest du über etwas Unangenehmes straucheln. Unser Unbewußtes ist voller Schlangen - Angst und Wut, von der wir kaum wissen, daß wir sie haben - und bevor du sie nicht aufstachelst und sie in Bewegung versetzt, wirst du niemals ihren wahren Charakter und ihre Macht kennen. Dieser Weg funktioniert. Da gibt es Kraft, und wenn es Kraft gibt, ist die Möglichkeit der Destruktion ebenso groß wie die der Kreation. Das heißt, wenn wir sie dem Zufall überlassen. Wenn du dir die Mühe nimmst, es richtig zu tun, kannst du deinen Weg zwischen deinen schwarzen Löchern spielerisch gehen und zuletzt an der Quelle aller Schöpfung herauskommen, jede einzelne deiner Schlangen auf dein Gebot wartend. Wenn du achtlos bist, kannst du deine Seele zerstören.

Unsere Beschwörungstechnik für Fortgeschrittene ähnelt traditioneller Magie darin, daß der Zauberer viele verschiedene Arten verfügbarer Kräfte unterscheidet, jede davon in deren eigenes Symbol und eigenen Namen kleidet, und dann, wenn er sie braucht, mittels Meditation, Chanten (Mantra), Tanz und sogar sexueller Aktivität aufruft. Unsere Methode unterscheidet sich von traditioneller Magie darin, daß der Zauberer während der Operation sein Ziel nicht bewußt formuliert, sondern statt dessen Arbeit leistet, um die Kraft in einer rohen, unartikulierten Form emporzubringen, und sie zum Laden eines Sigills verwendet - und während der gesamten Zeit sein Bestes tut, Gedanken an das, was er wirklich will, zu vermeiden. Und anders als die traditionellen Schulen der Magie machen wir hier keinen Versuch, die Kräfte "dort unten" in einer universellen Anordnung zu strukturieren. Ein Zauberer, der sich dieses Systems bedient, wird die Kräfte symbolisieren, während er ihnen, gleich ob in sich selbst oder der Welt um sich herum, begegnet; und wenn er Muster und Strukturen in ihrer Anordnung entdeckt, wird das eine Entdeckung nur für sich selbst sein, ein Insidertip, wie seine Seele mit dem Gemüt Gottes in Verbindung steht.

Schlußendlich unterscheidet sich unser System vom herkömmlichen Zaubern dadurch, daß die tatsächlichen Bilder, die der Zauberer zum Symbolisieren der Kraft gebraucht, keinen traditionellen Ursprung haben, sondern Produkte seines eigenen Unbewußten sind. Er bezieht seine Symbole nicht aus Mythologie, volkstümlicher Überlieferung oder philosophischer Spekulation, sondern betraut stattdessen seine eigene Tiefenpsyche mit der Aufgabe des Entwurfs und der Namensgebung. Austin Spare perfektionierte eine Technik, die das Unbewußte dazu anregen sollte, sich selbst auf diese Weise auszudrücken, die er "automatisches Zeichnen" nannte.

XI. Automatisches Zeichnen

Automatisches Zeichnen ist eine Methode, unbewußte Inhalte aus der Tiefe emporzubringen und sie mittels Papier und Tinte zu verdichten, so daß der Künstler sie dem prüfenden Blick seines Verstandes und Willens aussetzen kann. Spare lieferte die klarste Erklärung dieser Methode in einem Essay mit dem Titel "Automatisches Zeichnen" (Automatic Drawing), welchen er mit seinem Protegé Frederick Carter verfaßte, und den er in die erste Ausgabe des Magazins *Form*[8] mit aufnahm. Spare und Carter faßten die Technik wie folgt zusammen:

---

[8] Magazin *Form*, London, 1916.

"Ein 'automatisches' Gekritzel verschlungener und einander überlagernder Linien erlaubt es dem Keim von Idee im Unbewußten, sich dem Bewußtsein gegenüber auszudrücken oder zumindest nahezubringen. Aus dieser Masse prokreativer Umrisse, voller Täuschungen, mag ein schwächlicher Embryo von Idee ausgewählt werden und vom Künstler zu vollem Wachstum und Kraft herangebildet werden. Vermittelst dessen können die profundesten Tiefen des Gedächtnisses herangezogen und die Springquellen des Instinkts angezapft werden. "

Für Spare haben die "profundesten Tiefen des Gedächtnisses" ihre Grundlage im Schoß des Absoluten, reichen somit zur Wurzel alles Seins, und von den "Springquellen des Instinkts" kommen alle Kräfte, derer wir bedürfen mögen, um unseren Willen zu tun. Mittels automatischem Zeichnen gibt der Zauberer seiner Tiefenpsyche eine Möglichkeit, sich selbst in ihren eigenen Termini auszudrükken, ohne daß sein Ego sich einmischt. Hat der Zauberer einmal die gegebenen Hinweise zu deuten vermocht, kann er in bewußter Weise die nötigen Details einzeichnen, um seine Kräfte völlig sichtbar zu machen, und dabei ihre Wesensart und Funktion für die Ziele des Zauberns festlegen, obwohl sie von der Rigidität einer wörtlichen Definition verschont werden.

Automatisches Zeichnen ist eine der leichtesten psychischen Praktiken und relativ[9] sicher, solange der Ausführende keine Angst vor sich selbst hat. "Die Gefahren dieser Form des Ausdrucks kommen von Vorurteilen und persönlichen Einstellungen von der Art fixer intellektueller Überzeugung oder persönlicher Religiosität (Intoleranz). Diese erzeugen Ideen von Bedrohung, Mißfallen oder Furcht und werden zur Obsession." Also wird der Christ, der findet, daß er Teufel zeichnet, anfangen, sich vor sich selbst zu grauen; der Heide wird bloß amüsiert sein. - oder freilich gewarnt. Doch Teufelsfurcht und Dogma wiederum sind die Hauptnahrung des Weder-Noch und sollten zum Großteil bereits aufgezehrt sein, wenn der Zauberer auf dieser Ebene zu arbeiten beginnt.

Bevor der Zauberer zu zeichnen beginnen kann, muß er zuerst seine Hand aus der Kontrolle seines bewußten, kritischen Gewahrsams befreien. Er muß damit anfangen, daß er sie lehrt, selbsttätig zu zeichnen, und dabei Seite um Seite mit verschlungenen Linien und daraus angefertigten einfachen Umrissen (Bäume, Gesichter usw.) füllen. "Die Hand muß in der Praxis geschult werden, frei und ohne Kontrolle zu arbeiten, indem man einfache Formen aus einer ununterbrochenen Linie zieht, wobei man keinen Nachgedanken hegt, d.h. ihre Intention soll gerade unter der Bewußtseinsschwelle liegen." Die Linien des Zauberers sollten in einem Gekritzel dahintanzen, stets neues Terrain untersuchen und sich nie in sich selbst einschließenden Knäuel ergehen.

Wenn die Hand des Zauberers für sich allein arbeiten kann, ist der Zauberer bereit anzufangen. Er sollte entscheiden, welches Karma oder welche Kraft er darstellen will und dann ein alphabetisches Sigill entwerfen, das diesen Wunsch

---

9 Relativ zu Evokation oder sogar Astralprojektion.

ausdrückt. Diesen wird er in üblicher Weise unterdrücken und damit den Wunsch, die Kraft zu zeichnen, organisch machen. Er wird sich sodann in einen Zustand der Leere versetzen, sich auf das Sigill konzentrieren, und seine Hand mit dem Zeichnen beginnen lassen. Sein Begehren, die Kraft zu kennen, das in das Sigill hinein abgespaltet worden war, sucht nach der Kraft und bewirkt, daß diese sich durch seine unabhängige Hand ausdrückt.

"Zeichnungen sollte man machen, indem man es der Hand gestattet, möglichst absichtslos frei dahinzugleiten. Mit der Zeit wird man Umrisse sich entwickeln sehen, die Konzeptionen, Formen nahelegen, und die schließlich einen persönlichen Stil haben werden. "

Sind diese Umrisse einmal offenbar, kann sie der Zauberer durch wohlüberlegtes Zeichnen ausschmücken, doch muß er stets dem ursprünglichen Entwurf treu bleiben und darf niemals irgendeine dogmatische Präkonzeption seine Zeichnung entstellen lassen.

*"Das Gemüt in einem Zustand der Selbstvergessenheit, ohne den Wunsch nach Reflexion oder dem Nachgehen materialistischer intellektueller Gedanken, ist in der Lage, gelungene Zeichnungen **persönlicher** Ideen von symbolischer Bedeutsamkeit und Weisheit hervorzubringen. Dadurch kann Empfindung sichtbar gemacht werden. "*

XII. Das Alphabet des Verlangens

Automatisches Zeichnen war eines der wichtigsten magischen Werkzeuge Spares, doch dies ist nur natürlich, war er doch zuerst und hauptsächlich ein Künstler, sowohl beruflich als auch seiner Neigung nach. Jemand mit geringerem künstlerischem Talent findet automatisches Zeichen möglicherweise nicht attraktiv genug, um es ernsthaft aufnehmen zu wollen. Ein eher verbal veranlagter Zauberer ist vielleicht zufriedener, wenn er sich auf automatisches Schreiben spezialisiert und sein Unbewußtes lehrt, relevante Silben durch seine frei tippenden Finger zu schicken, so daß sich seine tiefen Kräfte in den daraus entstandenen Namen, Sprüchen und Mantras ausdrücken. Und ein musikalischer Zauberer mag potente Rhythmen, Melodien und Phrasierungen entdecken, während er auf seinem Instrument vor sich hin phantasiert und sein Sigill visualisiert. Das Wichtige daran ist, daß das Ego draußenbleibt, so daß dem Unbewußten freie Herrschaft gegeben wird, und es seiner Meinung vollkommen klar Bedeutung verleihen kann.

Automatisches Zeichnen hat jedoch noch einen anderen Zweck, wichtig selbst für jene von uns, deren künstlerische Schranken alles ausschließen, was über Strichmännchen hinausgeht. Kurz gesagt, automatisches Zeichnen ist das beste Werkzeug, das wir verwenden können, um damit zu beginnen, unser Alphabet des Verlangens zu entwerfen.

Das "Alphabet des Verlangens" ist Spares Name für die Sammlung von Symbolen oder "heiligen Buchstaben", welche jeder Zauberer, der sich dieser Methode befleißigt, über kurz oder lang hervorbringen muß. Jeder "Buchstabe" (tatsächlich ein Ideograph) repräsentiert eine Kraft oder, wie Spare sagte, ein "Sex-Prinzip"[10], eine unbewußte Struktur oder eine Energieform, welche der Zauberer innerhalb seiner Tiefenpsyche erkennt oder zu erkennen wünscht. Der Buchstabe dient dazu, die Wesensart dieser Kraft auch dann zu kennzeichnen, während der rationale Geist im Dunkeln gelassen wird. Indem er seine Tiefenpsyche dazu anhält, dieses Alphabet zu entwerfen, erschafft der Zauberer sein eigenes persönliches Symbolsystem, kompakte Bilder, die er verwenden kann, um die Kraft zum Verändern seines Bewußtseins aufzurufen oder seine Sigill zu laden. Und da diese Glyphen direkt dem Unbewußten des Zauberers entspringen, sind sie in sehr viel intimerer Weise mit ihm verbunden als Symbole traditioneller Systeme und machen ihm es leichter, die Kräfte zum Arbeiten zu bringen.

Anfänglich wird der Zauberer seine Buchstaben gleichsam zufällig finden. Sagen wir beispielsweise, er wünsche die Beziehung des Individuums zum Absoluten zu repräsentieren. Daraufhin wird er seinen Wunsch in einem kompakten Satz niederschreiben, ihn in ein alphabetisches Sigill verwandeln, diese aufladen, und dann, während er über ihrer Form verweilt, damit beginnen, automatische Zeichnungen zu erstellen. Während er Zeichnung auf Zeichnung anfertigt, wird er verschiedene Wesen und Szenen innerhalb der Linien erkennen, manche entsprechend bedeutungsschwanger, andere eher banal. Schließlich jedoch wird er eine Figur erkennen, die das Kräftespiel, das er kennzeichnen will, versinnbildlicht, und diese wird Basis seines Buchstabens. Diese Figur wird vermutlich linear sein, wie ein alphabetisches Zeichen, und er kann sie irgendwo im Netz der Linien finden, welches Grundlage seiner Zeichnung ist. Sie mag im Kopfschmuck einer Frau sein, im Zusammentreffen zweier Gesichter oder Teil eines sonst bedeutungslosen Liniengewirrs. Worauf es ankommt dabei, ist, daß sie vollkommen à propos hervortreten muß, und also extrahiert sie der Zauberer aus der Gesamtzeichnung und verfeinert sie zu einem brauchbaren Buchstaben.

Hierin liegt gleichwohl eine gewisse Gefahr. Das Unbewußte reagiert sehr sensibel auf Symbole, die es selbst entworfen hat, also muß der Zauberer sicher sein, daß jedes seiner verwendeten Zeichen seinem Unbewußten dasselbe bedeutet wie seinem Ego.

Zum Beispiel erinnere ich mich an das Mal, als ich versuchte, eine spezielle Kraft zu symbolisieren, und meine Aufmerksamkeit von dieser Linienanordnung gefesselt wurde: 𝒳 . Sie schien angemessen, doch nicht recht einheitlich, also zeichnete ich sie neu so 𝒟 und auch so 𝒟. Somit stand ich vor der Wahl. Zuerst wählte ich 𝒟. Vielleicht war mein angeborenes Aggressionsgefühl dadurch angesprochen. Unglücklicherweise zerfloß innerhalb weniger Stunden die Aggression

---

[10] Einer von Spares Aphorismen war "Alle Dinge huren die ganze Zeit herum".

in Arroganz und brach dann in Verlegenheit zusammen. Eine Befragung des *I Ging* korrigierte mich. ☿ war richtig; ☿ war pure Überheblichkeit.

Du wirst es also hilfreich finden, dich mit dem I Ging, dem Tarot oder einer ähnlichen Kunst wohlvertraut zu machen, nur um imstande zu sein, eine unabhängige Bewertung darüber zu bekommen, wofür deine Buchstaben wirklich stehen. Kompetenz in Divination kommt natürlich nur denen zu, die daran ein paar Jahre arbeiten, doch sollte ein magischer Anfänger ohnehin ein paar Jahre brauchen, um das Stadium der heiligen Buchstaben zu erreichen. Jeder Neophyt möge also sichergehen, einen Teil seines freien Glaubens dazu zu verwenden, sich Fertigkeiten mit Orakeln zu erwerben. Er wird es nicht bereuen.

Ein anderer Punkt zur Vorsicht: Stelle stets sicher, jedwede Kraft, die du symbolisierst, mit ihrem notwendigen Gegenteil zu komplementieren, dies, um deine persönliche Sprache vor allzugroßer Schlagseite zu bewahren. Wenn ich meinen Buchstaben für "Sieg im Konflikt" entdecke und gleich daran ginge, ihn magisch zu verwenden, ohne zuerst Buchstaben für "Gleichgewicht" und "Perspektive" zu finden, könnte mich das Übergewicht martialischer Energie vernichten. Mein starkes Interesse daran könnte bewirken, daß sie aus meinem Unbewußten hochsickert und sich in meiner Erfahrung manifestiert. Ohne die anderen zum Ausgleich, liefe ich Gefahr einer Besessenheit, gefolgt von persönlicher Katastrophe.

Gleichermaßen sollte jemand, der in irgendeiner Weise psychisch disponiert ist, sagen wir, indem er "Intellekt" der "Emotion" oder "Intuition" vorzieht (oder wie immer - die Worte versagen), sicher gehen, daß diese Disposition nicht sein Alphabet des Verlangens verzerrt. Selbst wenn er sie in dieser Inkarnation kaum je benutzt, sollten gegebenenfalls die Buchstaben für Emotion und Intuition doch da sein und ihn auch daran erinnern, daß er nur Spezialist ist, und nicht alles Sache der Logik.

Traditionelle Systeme sprechen das Problem der Disposition natürlich an, indem sie von ihren Schülern verlangen, ein breites Symbolspektrum in sich aufzunehmen, welches in einem geometrischen Schema wie dem Lebensbaum oder Himmelsrad balanciert ist. Daß die Technik, die wir in *DAS FEUER STEHLEN* angeben, solche Balance nicht gewährleisten kann, ist zugegebenermaßen ihre große Schwachstelle, da die Gefahr der Einseitigkeit höchst real ist, wenn du eine einsame Magie wie diese betreibst. Die einzige Lösung, die ich anbieten kann, ist, ein System wie die Kabbala in einem intellektuellen Sinn zu lernen, die Grundlagen zu verstehen, die es versucht abzudecken, und dann, während du dein Alphabet des Verlangens entwickelst, sicherzugehen, all diese (auf die eine oder andere Weise) selbst abzudecken.

Die Kabbala dient auch als eine Art lingua franca unter Okkultisten sowie als symbolische Basis des Tarot, als wertvolles Divinationswerkzeug. Auch wenn du nicht vorhast, dir den Lebensbaum in deine Aura einzuprägen, ist es also wohl wert, ihn zu studieren.

XIII. Die verschiedenen heiligen Buchstaben

All diese Details von Spares Alphabet könnte ich vielleicht besser beschreiben, gäbe ich nur ein paar lebendige Beispiele meines eigenen Alphabets, doch will ich das nicht tun. Die einzigen Zauberer, die das Geheimnis ihrer heiligen Buchstaben preisgeben, sind Narren. Spare etwa beschrieb bloß, daß ⚈ sein Symbol für Dualität wäre, während dessen Umkehrung - ⚈ - sein Buchstabe für Auflösung und Tod wäre. Doch obgleich er seine Zeichnungen oft mit den Linien heiliger Buchstaben ausschmückte, enthüllte er niemals ihren Klang oder ihre Bedeutung. Sein Alphabet war seine eigene Schöpfung und ausschließlich für ihn selbst gemeint.

Also mußt du dir die Mühe machen, dein eigenes zu entwickeln, doch das wird dir leicht genug fallen, bist du dir erst sicher, daß du bereit bist, damit zu beginnen. Und nachdem du ein Dutzend Buchstaben oder so hast, wird dir die Logik ihres Designs helfen, die nötige Gestalt der anderen zu bestimmen. Es sind die ersten paar, die dir am meisten Mühe beim Zeichnen abverlangen.

Obwohl ich nichts über meine Buchstaben verraten werde, sage ich dir doch, welche **Krafttypen** ich für nötig gehalten habe zu symbolisieren, bloß damit du eine Vorstellung bekommst vom Terrain, das du abdecken solltest. Diese mögen nicht alle Kategorien umfassen, die du oder auch ich gelegentlich ausfüllen werden, doch dazu dienen, den Umfang der für dich nötigen Forschungsarbeit zu kennzeichnen.

Also gebe ich die verschiedenen Kräfte wieder, so wie ich sie am 31. August 1984 sehe.

1. Örtlichkeiten und Strukturen, die deine Psyche ausmachen. Diese werden Dinge umfassen, die man "Ego" nennt, "das Unbewußte", "dinglichen Körper", "Chakren", "Kundalini" und so fort. Sie alle gibt es hier, und es ist Sache des Zauberers, ihre wechselseitigen Beziehungen herauszufinden.

2. Wege oder Kräfte, die dich von einem Ort deines Unbewußten zu einem anderen bringen. Diese sind vital für die Astralprojektion, die Gegenstand des nächsten Kapitels ist.

3. Kräfte, um Örtlichkeiten und Strukturen zu manipulieren, die deine Psyche ausmachen.

4. Konditionierte Reflexe, die du dir in Reaktion auf deine Umwelt erworben hast. Diese schließen Dinge ein wie Autofahren, mit Messer und Gabel zu essen und in beide Richtungen zu blicken, wenn du eine Straße überquerst. Reflexe sind aus gutem Grund vorhanden, und es ist sehr gefährlich, sie zu stören, außer natürlich die Umgebung, die den Reflex konditioniert hat, trifft nicht länger zu.

5. Kräfte, von denen du entdeckst, daß sie deinen Willen tun können. Diese können alles mögliche sein, von sexueller Anziehungskraft bis zu einem verschrobenen Humor, von der Fähigkeit, Schemata in der Imagination zu zeich-

nen, bis zur Gabe, Unehrlichkeiten bei geschäftlichen Transaktionen zu entdecken. Jede Kraft, die du definieren kannst, kannst du auch beschwören, und somit wird sie einen heiligen Buchstaben nötig haben.

6. Dämonen: Reflexe, die unkontrollierbare Launen erzeugen, Phantasien und sogar Handlungen. Dämonen erwirbt man sich oft als Antwort auf eine gestörte Umgebung, die man während der kindlichen Schwäche und Abhängigkeit erdulden muß. Der erwachsene, zu Kräften gekommene Zauberer wird realisieren, daß sie seiner jetzigen Situation nicht mehr angemessen sind, und jede Anstrengung unternehmen, sie so zu binden, daß sie ihn nicht mehr belästigen.

7. Unabhängige Wesen, die du auf der Astralebene triffst, seien es Repräsentanten anderer Leute (tot oder lebendig), Pflanzen, Tiere, Elementale oder diskarnierte Intelligenzen.

8. Verbindungsglieder zu anderen, "äußeren" Wesenheiten.

9. Dein Heiliger Schutzengel.

Nun mag es sein, daß diese Auflistung ebensoviele Fragen aufwirft, wie sie beantwortet. Wie zum Beispiel sollen wir wissen, welche Örtlichkeiten wir im Unbewußten haben, indem sie ja unbewußt und alles sind? Wie können wir unsere Engel von unseren Dämonen unterscheiden? Was ist Astralprojektion? Was ist ein Heiliger Schutzengel?

Wir werden alle bis auf eine dieser Fragen im nächsten Kapitel diskutieren, welches mit "Astralprojektion" übertitelt ist. Der Heilige Schutzengel verdient ein eigenes Kapitel.

XIV. Astralprojektion

Wie in Kapitel zwei von uns gesagt, ist das Unbewußte die Domäne der geistigen Kräfte des Zauberers. Es wird das Unbewußte genannt, weil wir normalerweise seiner nicht gewahr werden; es ist der Autopilot, der uns durch Türen geleitet, uns die Straße hinunter führt, macht, daß wir unsere Tante Maria eklig finden, oder was auch immer sonst wir automatisch verrichten, ob es unseren Intellekt kümmert oder nicht. Doch trotz dieser Rolle als verdeckter Agent ist es uns möglich, unser unbewußtes Gemüt zu untersuchen, und sei es wenigstens aus einem schiefen Winkel. Wir können uns der Innenschau widmen ("Was hat Tante Maria bloß, das mir den Magen zusammenkrampft?"), unsere Träume aufzeichnen und entschlüsseln, Drogen nehmen oder in freie Assoziationen auf der Couch des Psychiaters investieren. All diese Methoden haben ihren Platz, doch ein Zauberer braucht etwas Direkteres. Eine Technik ist natürlich der Automatismus. Eine andere ist die Astralprojektion, die vorsätzliche Erkundung einer Region zwischen Träumen und der Phantasie, welche von den Zauberern die Astralebene genannt wird.

Es ist ein Ort, wo du deiner Kraft von Angesicht zu Angesicht gegenüberstehen und dann mit ihr ringen kannst, bis sie sich deinem Willen fügt.

Die Astralebene ist der Bereich, in dem Weissagungen vollbracht werden, und man mag sie auch dazu verwenden, an entfernte Orte zu reisen, andere Astralreisende zu treffen, sowie als Region, in welcher man die innere, "spirituelle" Natur materieller Objekte und äußerlicher Ereignisse wahrnimmt. All dies sind anstrebenswerte Ziele, und der Zauberer findet vielleicht heraus, daß er das Astrale benutzt, um sie zu erreichen; sein Hauptinteresse daran wird er aber als Arena haben, in welcher er die Bestandteile seines Unbewußten trifft.

Durch Astralreisen kann der Zauberer seine Psyche aus erster Hand inspizieren. Er kann ihre hervorstechenden Eigenschaften kartographieren und die dort angesiedelten Kräfte interviewen, wobei er mit ihnen Bekanntschaft schließt, so daß er ihre Energie aufrufen kann, um damit seine Sigillen zu laden. Und wenn er tief genug vordringen kann, wird er etwas betreten, das man das kollektive Unbewußte nennen könnte. Dort kann er der Astralform jeder anderen existierenden Wesenheit begegnen - vom Baum in seinem Vorgarten oder seiner Tante Maria, gerade bis hin zu Aiwass, Verkünder des neuen Aons, der Aleister Crowley am 8., 9. und 10. April 1904 seine Stimme verlieh, jedoch keine Form annahm. Mehr darüber aber später.

Das soll aber nicht heißen, daß wir Crowley gleich wieder verlassen. Crowley (1875-1947) war ein englischer Magier der Rosenkreuzer-Schule und ist mehr als irgendjemand anderer für die Wiedergeburt der Magie verantwortlich, die in diesem Jahrhundert stattgefunden hat. Obgleich sein Symbolismus traditionell[11] kabbalistisch war, zeichnete sich sein Zugang zu magischer Theorie und Technik aus durch eine intellektuelle Integrität, welche einer wissenschaftlichen Methodik so nahe kommt, wie es irgendeine Religion nur hoffen kann. Es stimmt, daß sein Astralbereich rosenkreuzianisch war, voll kabbalistischer Symbole, die während seiner Indoktrination durch den Golden Dawn, jenem englischen Orden, der ihm die ersten Unterweisungen gab, dorthin gelangt waren. Doch das ist nur eine Frage der Dekoration. Auch wenn seine Ansicht vom Astralen sich von dem, was ein nicht-kabbalistischer Magier wahrnehmen mag, radikal unterschied, standen die Techniken, die er zum Eintritt darin und Umgang damit benutzte, auf so gesunden Füßen, daß es eine Nachlässigkeit wäre, sie zu ignorieren.

Die Aspekte von Crowleys Zugang, die wir herausheben wollen, sind folgende:

1. Seine Ansicht über die relative Wirklichkeit von Normal- und Astralbewußtsein.

2. Seine Vorgangsweise, um aus dem Normal- ins Astralbewußtsein zu gelangen.

3. Seine Vorgangsweise, um die wahre Natur der Astralwesen zu verifizieren.

---

[11] Okkulte Tradition, nicht hebräische. Diese zwei sind durch Jahrhunderte getrennt.

4. Seine Vorgangsweise, um ins Normalbewußtsein zurückzugelangen.

5. Das die Ebenen Emporsteigen.

1. Crowleys Zugang basierte auf der Annahme, daß alle menschlichen Wesen einen Astralkörper besitzen, dessen Funktion die Wahrnehmung auf der Astralebene ist. "Innerhalb des menschlichen Körpers gibt es einen anderen Körper von annähernd gleicher Größe und Gestalt; dieser ist jedoch aus subtilerem und weniger illusorischem Material. Er ist natürlich nicht "real", doch ebensowenig ist dann der andere Körper real! Im wahrnehmbaren Universum gibt es so etwas wie Wahrheit nicht, jede Idee trägt, analysiert man sie, einen Widerspruch in sich. Es ist von recht geringem Nutzen (ausgenommen als augenblickliches Hilfsmittel), eine Klasse von Ideen einer anderen als "realer" gegenüberzustellen." Crowley zog als Hilfsmittel, um in seinem Unbewußten herumzureisen, also seinen Astralkörper (oder "Lichtkörper") heran, so wie es jeder tun sollte, der mit dieser Praxis beginnt; denn es ist essentiell, hier über ein solides Fundament für deine Arbeit zu verfügen. Der beste Weg, ein solches zu legen, ist einen Körper aufzubauen, der deinem aus Fleisch und Blut so ähnlich wie möglich sieht, und ihn sodann zu erziehen, indem du ihn in seinen Gefilden herumbewegst. Gleich ob du kabbalistische Pentagramme mit deinem Schwert oder Stab einschreibst oder die Gestalt heiliger Buchstaben deines eigenen Entwurfs annimmst, stets brauchst du eine Form, die "wirklich" dir gehört. Am leichtesten ist das, wenn sie ähnlich dem ist, was du im Spiegel siehst, und eine leichte Handhabung ist das, was eine Gestalt "wahr" macht.

2. Crowleys Projektionstechnik beginnt damit, daß der Zauberer die rituellen Waschungen ausführt, sich in die Robe hüllt und die Bannung sowie eine allgemeine Invokation vornimmt. Er entzündet den Weihrauch, nimmt eine komfortable Sitzposition ein und schließt seine Augen. Sodann stellt er sich ein Duplikat seiner selbst vor, "als ob es seinen dinglichen Körper einhülle oder in seiner Nähe oder direkt vor ihm stünde. Er möge sodann den Sitz seines Bewußtseins in jene imaginierte Figur verlegen, so daß es ihm scheinen mag, er sähe mit ihren Augen und hörte mit ihren Ohren." Wenn dieser Transfer einmal gemacht ist (und es wird sich wahrscheinlich um die einzige Schwierigkeit bei dem Prozeß handeln), sollte sich der Reisende aufmachen, bis er auf eine Landschaft trifft, wo er herumspazieren kann, Geister treffen und sich ganz allgemein mit seiner Astralform vertraut machen. Seine Erfahrung hier wird lebendiger sein als das, was ihm seine normale Vorstellung üblicherweise anbietet, jedoch weniger real als ein Traum, und mit diesem geistigen Zeug wird er zu tun haben, wenn er seine astralen Arbeiten verrichtet.

Wenn sich der Zauberer einmal heimisch fühlt, wird er herausfinden, daß er fähig ist, alle möglichen magischen Utensilien zu erzeugen (Altäre, Stäbe, Schwerter usw.), derer er bedarf, um jedwede Zeremonie auf der Astralebene auszuführen; jene werden freilich einem traditionellen Magier mehr zu statten kommen als einem, der unsere skeletthafte Vorgangsweise gebraucht. Was für

Werkzeug er sich jedoch schafft, muß er achtsam reabsorbieren, wenn er fertig ist, um nicht sein Licht darauf zu verschwenden, die Ebenen unsicher zu machen.

Ich möchte hinzufügen, daß, nachdem man mit dem Astralen vertraut ist, der "Sprung", den man am Anfang der Reise macht, vermeidbar sein kann. Ich persönlich bediene mich eines heiligen Buchstabens, um meine Astralform dazu zu veranlassen, einen Salto aus meinem sitzenden Körper heraus zu machen und sich auf der Astralebene aufzurichten. Und wenn ich wieder mein Normalbewußtsein erlangen will, habe ich dafür einen anderen, der die Bewegung umkehrt, so daß ich wieder in meinem Körper sitze.

3. Die große Gefahr im Astralen kommt dann, wenn der Reisende auf die anderen Wesenheiten trifft, die er dort findet, und mit ihnen zu tun hat. "Wahrscheinlich wird er Gestalten sehen, die sich ihm nähern - er soll solche Gestalten ansprechen und auf Antwort bestehen, wobei er die rechten Pentagramme und Zeichen gebraucht, so wie diese zuvor gelehrt wurden. Er soll nach seinem Belieben reisen, mit oder ohne Führung solcher Gestalt oder Gestalten. Er möge auf der Hut sein vor den tausend subtilen Attacken, die er erfahren wird, wenn er sorgsam die Wahrheit all dessen, womit er spricht, auf die Probe stellt. So mag ein feindseliges Wesen in Glanz und Glorie erscheinen; das geeignete Pentagramm wird in diesem Fall bewirken, daß es schrumpft oder verfällt."

Natürlich gebrauchen wir hier keine Pentagramme, also müssen wir sie durch etwas anderes ersetzen. Was du dafür wählst, ist einzig deine Sache, doch würde ich meinen, daß die Auferlegung des Heiligen Buchstabens eines Geistes auf die Wesenheit, die behauptet, jener Geist zu sein, wirkungsvoll zu sein scheint. Wenn sie wahr spricht, wird sie stärker werden. Ist sie ein Hochstapler, wird sie hinwegschmelzen.

Hast du die Geister dazu gebracht, mit dir zu sprechen, kannst du sie nach ihrem Namen fragen. Das ist von essentieller Bedeutung, denn wenn du ihre Namen chanten kannst, während du ihre heiligen Buchstaben visualisierst, bringst du sie leichter zum Erscheinen, als wenn du nur die Buchstaben gebrauchst.

Eine andere Art und Weise, einen Geist zum Kommen zu veranlassen, ist, deine eigene Gestalt in jene des Gottes (bei Rosenkreuzern) oder des heiligen Buchstabens, der über sie gebietet, zu verwandeln. Das heißt freilich nicht, daß du jemals einem Wesen auf der Astralebene Einlaß in deinen Lichtkörper gewähren solltest. Der Gott oder der heilige Buchstabe ist die Idealform; das, was als Antwort darauf kommt, ist bloß die Annäherung deiner eigenen Psyche daran. Es einzuladen, heißt, es aufzufordern, dich zu besitzen. Stattdessen solltest du es auf sicherer Distanz halten, einen herzlichen, doch bestimmten Umgangston pflegen, dich auf keine Abmachungen einlassen und stets die Oberhand bewahren[12]. Wenn

---

12 Es ist ebenfalls klug, sofort jeden Geist mit einem rituellen Appell zu binden. Der Gebrauch des Appells "Höre Mich: und mach Mir alle Geister untertan" s. Kapitel XXIII ist extrem wirkungsvoll.

es je so scheint, als würdest du sie verlieren, banne und beende sofort die Projektion.

Du solltest auf deiner Reise nicht zu weit gehen bzw. zu lange bleiben, wenn du anfängst, müde zu werden; wenn du nämlich einschläfst, ohnmächtig wirst oder auf andere Art das, was du tust, vernachlässigst, öffnest du dich der Besessenheit. Doch ist es ja leicht genug zurückzukehren. Crowley schlägt vor, daß du dir einen Flammenwagen imaginierst, der dich zur Erde zurückbringt; ebenso kannst du einfach willentlich hinabsteigen. Eine Vorsichtsmaßnahme: Wenn du je einen heiligen Buchstaben ersinnst, der dich hinaufträgt, solltest du auch einen definieren, der dich hinunterbringt; denn sonst könntest du dich auf deinem Wildbach ohne Paddel wiederfinden.

4. Bist du zurück, brauchst du nur deine Körper wiederzuvereinigen und aufwachen, doch dies ist der wichtigste Schritt und muß definitiv richtig getan werden. "Der Schüler soll seinen imaginierten Körper, in dem er annimmt gereist zu sein, mit dem physischen verschmelzen lassen, dabei seine Muskeln anspannen, Atem schöpfen und seinen Zeigefinger an die Lippen legen. Dann soll er in einem entschiedenen Willensakt 'erwachen' und, nüchtern und genau, seine Erfahrungen aufzeichnen." Das An-die-Lippen-Legen des Zeigefingers zeigt, daß Crowley die Annahme der Gottform des Harpokrates empfiehlt - des Neugeborenen im Ei, dieses gegürtet mit der Schlange deines Willens. Dies kannst du mittels des Drei-Ringe-Bannungsrituals, das in Kapitel IV wiedergegeben ist, noch bestärken.

Crowley betont, daß der Reisende diese Wiedervereinigung nicht vernachlässigen darf, **nicht einmal der Neuling, der sicher ist, sich erst gar nicht von seinem Körper getrennt zu haben!** "Wenn du verabsäumst, dich ordentlich [wiederzuvereinigen], kannst du dich in ernsthaften Schwierigkeiten wiederfinden. Dein Lichtkörper könnte unkontrolliert entweichen und angegriffen und besessen werden. Du wirst dessen gewahr durch das Auftreten von Kopfweh, schlechten Träumen oder sogar noch schlimmeren Zeichen wie Hysterie, Schwächezustände, möglicherweise Irrsinn oder Lähmung. Sogar die schlimmste solcher Attacken wird wahrscheinlich nachlassen, doch magst du dadurch in größerem oder kleinerem Ausmaß bleibende Schäden davontragen."

5. Die Übung, die Ebenen emporzusteigen, ist wichtig als ein Weg zu entdecken, wie genau die Kräfte deines Unbewußten relativ zueinander angeordnet sind. Sie umfaßt die Wahl eines Ausgangspunkts und dann das Emporsteigen, wobei du alle Schranken überwindest, die du kannst, und Notiz nimmst von sich ändernden Bedingungen, wenn du sie überwindest. Auf diese Weise wirst du auf Aspekte deines Unbewußten stoßen, von deren Existenz du keine Ahnung hattest, Strukturen, die dein Gemüt verbinden mit jenem am Ursprung des Allen. Das unterscheidet sich vom Aufrufen vorher geplanter Plätze und bloßen dorthin Gehen ebenso, wie sich ein Spaziergang durch Manhattan unterscheidet vom bloßen die U-Bahn Nehmen und in der 42. Straße beim World Trade Center und der Battery Auftauchen.

Diese Zusammenfassung des Astralreisens muß bleiben, was sie ist: eine Zusammenfassung. Wir haben genug angeben, um damit zu arbeiten, doch gibt es viel mehr, das meiste davon in Aleister Crowleys *Magick in Theorie und Praxis*[13], dem alle obigen Zitate entnommen sind. Es ist ein wunderbares Buch, egal ob du dir sein kabbalistisches System zu eigen machst oder nicht, und es macht es fast wert, die Kabbala zu lernen, nur um alle Bezüge, die er macht, zu verstehen. Kauf es dir.

XV. Der Heilige Schutzengel

Ob du aber die Kabbala zu lernen beschließt oder nicht, sie hat nicht viel mit der Magie zu tun, über die wir sprechen; diese hilft uns sowohl, wie sie uns auch weh tut. Sie hilft uns, weil die Symbole, die wir selbst entwerfen, notwendigerweise stärker sind als die aus zweiter Hand übernommenen; sie tut uns weh, weil wir uns des Rahmens entledigen, auf welchen jene Symbole aus zweiter Hand aufgehängt sind. In der Tat müssen wir unseren eigenen Rahmen aufspüren und herausfinden, wie dieser zusammengesetzt ist, denn wenn er von unserer Vorstellung von ihm abweicht, kann es uns zerreissen. Wir wären wie ein Auto, dessen Fahrer Kupplung und Bremse nicht unterscheiden kann.

Wessen wir in all dem offenbar bedürfen, ist irgendeiner Hilfe, die schwer zu bekommen ist, wenn du innerhalb deines eigenen Gemüts am Werk bist. Du kannst dir keinen Experten einladen, dich zu begleiten, um dir die Sehenswürdigkeiten zu zeigen; der Experte muß bereits da drinnen vorhanden sein. Der Experte ist gleichwohl da, und du kannst ihn/sie finden, wenn du suchst - etwas, das wir Zauberer deinen Heiligen Schutzengel nennen.

Der Heilige Schutzengel ist ein Astralwesen, eine unabhängige Intelligenz, von welcher der Zauberer Wissen, Inspiration und Bestärkung seiner Absichten erlangen kann. In der modernen okkulten Praxis leitet sich die Theorie vom Heiligen Schutzengel großteils her aus dem *Buch der Heiligen Magie von Abramelin dem Magier*[14] von S. L. MacGregor Mathers[15], erstmals 1898 veröffentlicht. Mathers Werk ist eine Übersetzung eines französischen Manuskripts aus dem 18. Jahrhundert, welches behauptet, eine Übersetzung eines hebräischen Originals zu sein, verfaßt 1458 von Abraham, Sohn des Simon, für seinen Sohn Lamech. Es

---

13 *Magick in Theory and Practice*, Dover 1976; In Deutsch erschienen: *Magick, Band I und II*, Kersken-Canbaz Verlag, Bergen/Dumme 1989.

14 *Book of the Sacred Magic of Abramelin the Mage*, Dover 1975.

15 Neben einem Übersetzer mittelalterlicher Grimoires war Samuel Liddell "MacGregor" Mathers (1854-1918) einer der Gründer des Golden Dawn und wichtigster Architekt dessen ritueller und symbolischer Struktur. Die europäische Tradition der christlichen Kabbala war ihm geläufig, und so vermochte er in Zusammenarbeit mit Wynn Westcott aus einem Mischmasch oftmals inkonsistenter Überlieferung ein kohärentes System von großer Kraft zu entwickeln. Er hatte bedeutenden Einfluß auf Aleister Crowley, beginnend 1898 mit dessen Initiation in den Orden, bis sie sich entzweiten, als sich der Orden zwei Jahre später auflöste.

unterteilt sich in drei Abschnitte. Der erste ist Abrahams Geschichte, wie er seine frühen Jahre auf der Suche nach okkulter Wahrheit verbrachte und diese schließlich erlangte, nachdem er den Einsiedler Abramelin getroffen hatte. Der zweite ist Abrahams Transkription von Abramelins Lehren, um die Magie auszuüben. Der dritte enthält Talismane, die der Magier erst dann sicher verwenden kann, nachdem er Kenntnis seines Heiligen Schutzengels erlangt hat und mit diesem in Zwiegespräch getreten ist. Diese Kenntnis wird um den Preis eines sechsmonatigen magischen Rückzugs von der Außenwelt gewonnen, währenddessen sich der Magier einzig und allein mit der Erwartung seines Heiligen Schutzengels befassen soll. Hat er einmal Kenntnis seines Heiligen Schutzengels erlangt, hat er Macht über die Heerscharen guter und böser Geister und kann ohne schlimme Folgen die Talismane des dritten Abschnitts verwenden. Sein Engel vermag ihm auch jedes andere magische Wissen zu geben, das er zu irgendeinem Anlaß brauchen sollte.

Skeptiker mögen an dieser Stelle nun meinen, daß die Idee eines Heiligen Schutzengels absurd sei, ein Relikt einer abergläubischen Epoche, der wir wohl entwachsen seien. Sie mögen das Gefühl haben, unsere Magie sei bisher ein interessanter Fall psychischer Selbstmanipulation, doch zu behaupten, daß für jedermann ein persönlicher Engel da wäre? - das ist doch kindisch! Vielleicht, doch wie uns unser Guter Herr gesagt hat, mußt du wie ein Kind werden, um in das himmlische Königreich einzugehen. Und überhaupt gehen die Skeptiker am wesentlichen Punkt vorbei. Dieser ist, daß unser unbewußtes Selbst überaus wandelbar ist, in der Lage, jede symbolische Gestalt anzunehmen, die wir darauf projizieren, und wenn ein Zauberer darauf beharrt (sagen wir durch sechs Monate hingebungsvoller Erwartung), daß sein Unbewußtes eine Personifizierung seiner selbst hervorbringen soll, es sich schließlich darin fügen wird. Ist diese Personifizierung wohl entwickelt, hat der Zauberer einen Weg, um direkt mit seiner Tiefenpsyche zu kommunizieren, etwas, das die meisten auch nicht nach zehntausend Dollar Psychoanalyse[16] zustandebringen. Unter Führung seines Engels kann er seine Psyche bis an ihre Wurzeln im kollektiven Unbewußten, Geist Gottes, Absoluten, Dao, Ain Soph (kabbalistischer Ausdruck), Kia (Spares Terminus) oder wie sonst er es auch nennen mag, zurückverfolgen. In diesem Sinn können wir sagen, daß, wenn wir die Augen Gottes darstellen, unsere Engel Gottes Sehnerven sind. Sie sind die Seile, an denen wir ziehen können, um uns nach Hause zu erheben.

Austin Spare hat den Heiligen Schutzengel in seinen Schriften nie erwähnt, obgleich er darüber gehört haben muß, da er 1910 ein Schüler Crowleys war, welcher den Engel zu einem zentralen Pfeiler seines Systems machte. Nichtsdestoweniger kann ein Zauberer sehr leicht Spares Techniken adaptieren, um sich seinen Engel ins Gemüt zu rufen, und das ohne den langen Rückzug vom Ge-

---

[16] Wir sollten gleichwohl hervorheben, daß Psychoanalyse Medizin ist und Zaubern Religion. Medizin ist für kranke Leute da. Religion ist für Leute, die sich wohl genug befinden, doch wissen, daß es etwas darüberhinaus gibt, und es wollen.

schäftsleben, den Abramelins Methode verlangt. Ich würde freilich nicht meinen Engel mit Spares Technik invozieren und sie dann bitten, mir beim Gebrauch der Talismane Abramelins behilflich zu sein. Ein Spare'scher Engel mag die selbe psychische Grundstruktur haben wie ein Abramelinischer, ihre symbolische Ausrichtung klaffte dennoch um Jahrhunderte auseinander.

Der aufmerksame Leser wird bemerkt haben, daß ich mich auf meinen Engel mit "sie" beziehe. Praktische Erfahrung zeigt, daß Heilige Schutzengel zumindest in ihrer anfänglichen Manifestation oftmals das andere Geschlecht haben als der unter ihrem Geleit stehende Zauberer - männliche Zauberer haben weibliche Engel, weibliche haben männliche. Das ruft Carl Jungs Konzept der "weiblichen" Anima als archetypische Kraft im Mann und des "männlichen" Animus als solche in Frauen ins Gedächtnis, und es lohnt sich, hier innezuhalten, um sich seine Ansichten anzusehen.

Carl Gustav Jung (1875-1961), Schweizer Psychiater, der als Patron der Gehirnklempner für Zauberer in ganz Amerika regiert[17], hatte tiefes Interesse an den "okkulten Wissenschaften" als zusätzliche Fensterfront, um in das Unbewußte zu lugen; er war jedoch keinesfalls selbst des Zauberns kundig. Sein Werk über die Alchimie als Individuationsprozeß und Synchronizität als das "akausale Verbindungsprinzip" hinter Divination ist höchst respektabel, er hatte jedoch keine Kenntnis der englischen Zauberer, deren Werk Grundlage des gegenwärtigen **state of the art** ist. Seine Schlußfolgerungen über Anima/Animus, zu denen er unabhängig durch Zwiegespräche mit seinen Patienten und Traumforschung gelangte (und nicht mittelalterlichen Grimoires entnahm), können uns eine andere Betrachtungsweise dessen geben, was eine Rolle spielen mag, wenn wir mit unseren Engeln zu kommunizieren versuchen.

Die zwei wichtigsten Eigenschaften von Anima/Animus sind das Archetypische und ihre Selbständigkeit. Archetypisch sein bedeutet, daß wir alle eine/n haben, genau wie wir alle eine Leber und Milz haben. Du magst dir dessen nicht bewußt sein, aber du hast eine/n, und wenn du daran gehst, dort unten herumzuwerken (wie das Zauberer tun müssen), mußt du wissen, worum es geht. Selbständigkeit bedeutet, daß wir nicht kontrollieren können, worum es sich dabei handelt; ebensowenig wie wir Kontrolle über unsere Herkunft oder die Neurosen unserer Großtante haben. Wir können sie/ihn jedoch ermutigen, sich positiv zu verhalten, und von ihren/seinen Perversionen abraten - ein wichtiger Punkt, da ihre/seine höchsten Aspekte ins Göttliche reichen und die niedrigsten uns in die Tiefen menschlicher Bösartigkeit bringen können.

In Männern sah Jung die Anima als Ursprung all des vorhandenen Weiblichen - ihre Liebesfähigkeit, Einfühlung in die Natur und die Fähigkeit, auf ihr unbewußtes Gemüt einzugehen. Die Anima eines Mannes kann als Verbindung zu seiner Tiefenpsyche wirken - die Quelle seiner Inspiration, sein Führer zu wahrer Selbsterkenntnis.

---

17 Er teilt diese Heiligkeit mit Wilhelm Reich.

Bei einer Frau kann ein gesunder Animus ihr Leben inspirieren durch eine spirituelle Rigorosität, die ihr weiches emotionales Äußeres füllt mit innerem Vertrauen, das mit Schwierigkeiten umzugehen weiß und ihre schöpferischen Kräfte mit intuitiver Effizienz managt.

Für Männer wie für Frauen sind Anima/Animus unsere Kommunikationsstelle mit dem Unbewußten. Jung nannte sie "Mundstück des Unbewußten", und die Qualität des Dialoges wird bestimmt davon, ob unser Unbewußtes gesund oder krank ist. Denn es passiert leicht, daß die Tiefenpsyche eines Menschen verbogen heranwächst - gestört durch elterliche Stümperei, religiöse Erziehung, kulturelle Stereotypie oder persönliche Nachlässigkeit. In solchen Fällen werden sich Anima/Animus nicht direkt zeigen, sondern durch Projektionen spürbar machen. Sie werden ihre Störungen auf die individuelle Wahrnehmung der Außenwelt projizieren und die entsprechende Person zwingen, Rechtfertigungen für ihre Prägungen innerhalb der eigenen Realitätserfahrung zu entdecken. Projektionen sind deshalb besonders heimtückisch, weil Anima/Animus derartig tiefsitzende unbewußte Strukturen sind, daß die meisten Leute gar nicht wissen, daß sie existieren. Nur durch Techniken wie Astralprojektion und Traumanalyse geschieht es, daß sich die gegengeschlechtliche Realität in einem selbst zeigt.

Bei einem Mann kann eine ungesunde Anima sein Gemüt heimsuchen mit Gereiztheit, Defätismus, Hypochondrie und sexuellen Zwangsvorstellungen. Die Anima wird sich häufig auf eine Frau aus Fleisch und Blut projizieren, wobei sie den Mann zwingt, die Frau als Seelengefährtin anzuerkennen, eine, für die man alles opfern darf. Ohne Kenntnis der Schliche seiner Anima wird er leicht eine solche Affäre als Schlüssel zu seinem Schicksal ansehen, selbst wenn sie sein Leben in Stücke reißt.

Bei einer Frau neigt ein ungesunder Animus eher dazu, ihren Intellekt zu korrumpieren als ihre Emotionen. Er wird sich in unfruchtbaren Meinungen darüber, wie die Welt sein sollte, manifestieren, als Idealvorstellung, die keine Argumentation zuläßt, und die, herausgefordert, mit einer dunklen, kalten Stille oder einer lauten emotionalen Szene verteidigt wird. Ein kranker Animus kann eine Frau gar dazu verleiten, sich aus der "unvollkommenen" Welt zurückzuziehen, wo sie dann unter emotioneller Aushungerung verwelkt. Wie die Anima kann sich ein ungesunder Animus auf männliche Individuen projizieren, die von der Frau idolisiert werden und sodann verachtet, wenn sie darauf kommt, daß sie ihren Perfektionsmaßstäben nicht gerecht werden.

Jungs Lösung hier ist für den einzelnen, zuerst zu realisieren, daß Anima/Animus keine Kräfte sind, die man willentlich kontrollieren kann, zweitens zu erkennen, wie sie den Mechanismus der Projektion verwenden, sich zu verbergen, und drittens ihrer Bedürfnisse gewahr zu werden und eine bewußte Einigung mit ihnen anzustreben. Der Mann muß erkennen, daß die Vorstellungswelt, die ihm seine Anima liefert, ihre eigene Gültigkeit hat, und er muß sie bei der Planung seines Lebenswegs berücksichtigen. Die Frau muß erkennen, daß ihr innerer Mann keine letztgültigen Wahrheiten anzubieten hat, bloß eine lebendige Auffassung einer Realität, die unbemerkten Veränderungen unterworfen ist. Erst dann wird die maskuline Stärke ihres Animus ihr auf ihrem Weg durch das Chaos der Welt behilflich sein können, statt sie in einen aussichtslosen Kampf dagegen zu verstricken.

Für uns Zauberer, die sich auf der Suche nach ihrem Engel befinden, sind Jungs Beobachtungen Anlaß zum Innehalten. Unsere inneren Frauen/Männer können selbstzerstörerische Aspekte an sich haben, und wir müssen solche sicher als die Mängel erkennen, die sie sind, und ihnen nicht jenen Respekt zollen, der unseren Engeln gebührt. Wenn ein Zauberer daher ein andersgeschlechtliches Wesen während seiner Meditationen trifft, darf er nicht sofort schließen, daß es sich um seinen Engel handelt, **sogar wenn es das selbst versichert!** Stattdessen sollte er der Astralfigur dieses Geschöpfs den heiligen Buchstaben, der seinen Engel repräsentiert, auferlegen, so wie er es mit jedem anderen Wesen, das er auf der Astralebene trifft, tun würde. Das heißt freilich nicht, daß diese Kandidaten für die Engelschaft leicht zum Kommen zu bewegen wären. Abramelins Technik, sie hervorzubringen, dauerte sechs Monate, und auch wenn unser System etwas weniger strikt ist, verlangt es immer noch eine wirkliche Anstrengung.

Um unsere Technik deinen Engel zu treffen anzuwenden, drücke erst jene Erwartung in einem alphabetischen Sigill aus, lade es mit allem freien Glauben, den du aufzubringen vermagst, und betreibe dann damit automatisches Zeichnen, bis du den richtigen Buchstaben findest, welchen du durch eine Reihe über mehrere Tage verteilte Divinationen bestätigen solltest. Hast du dann Sigill und Buchstaben, solltest du darauf meditieren, Astralarbeit verrichten, in der dein Lichtkörper die Gestalt des Heiligen Buchstabens annimmt, und damit fortfahren, das alphabetische Sigill mit freiem Glauben zu füllen (ebenso mit der Energie, die du erfahren hast, während du die Form des Buchstaben innehattest). Einige Tage oder sogar Wochen lang wirst du wenig sehen, doch wenn du dran bleibst, wird eine Zeit kommen, da ein blendend helles Licht im Raum hinter deinem Sigill erscheint, und innerhalb weniger Sitzungen werden "Wesen" des anderen Geschlechts aufzutauchen beginnen. Jedes von ihnen muß durch Superimposition deines Heiligen Buchstabens auf die Probe gestellt werden. Diejenigen, die weniger rein sind als dieser, werden sich abwenden oder zerbröckeln; dein eigener, wahrer Engel wird ihn willkommen heißen. Sobald dein Engel eine definitive Persönlichkeit annimmt, solltest du ihn nach seinem oder ihrem Namen fragen. Beharre nicht auf sofortige Antwort, doch wiederhole die Frage in jeder Sitzung, denn wenn du einmal weißt, wie du ihn nennen kannst, wird die Kommunikation mit ihm viel leichter.

Du solltest dir aber eines anderen wichtigen Indikators für die Wahrhaftigkeit eines Engels bewußt sein: selbständige Aktionen. Als ich zum Beispiel meinen Engel erstmals mit ihrem heiligen Buchstaben konfrontierte, verwandelte sich dieser in einen Kuchen, und sie aß ihn auf! Das war sicherlich nichts, das ich hätte planen können. Weniger lang zurück liegt eine Zeit, von der meine Aufzeichnungen sagen, daß ich eine diffuse spirituelle Unpäßlichkeit spürte und hinaufging, um die Sache mit meinem Engel zu besprechen. Ich versuchte sie über eine Kurzgeschichte, an der ich gerade schrieb, zu befragen, doch sie war daran nicht interessiert. "Ja, ist die Sache denn nicht wichtig?" fragte ich sie. Sie nahm schon an, doch - "Ja, worüber willst du denn mit mir sprechen?" drängte ich.

LICHT! STRAHLEND WEISSES LICHT, DAS SPIRALFÖRMIG MITTEN AUS MEINER STIRN DRANG!

Ich war darauf in keiner Weise gefaßt, und, unnötig zu sagen, war der Rest unseres Austauschs an jenem Abend wortlos. Diese Episode war tatsächlich das Ereignis, das mich dazu veranlaßte, meine Chakren zu kartographieren, ein wesentlicher Schritt in meinem magischen Vorankommen. (Experten vertreten die Meinung, daß es zehn Chakren gibt - von der Basis des Rückgrats zum Scheitel des Kopfes. Finde sie, benenne sie, finde ihre Kraft heraus und meistere diese!)

Wir sehen also, daß dein Heiliger Schutzengel dein bestmöglicher Führer durch dein Unbewußtes ist. Es wird dir die Namen und heiligen Buchstaben von allen Kräften geben, die du zu fragen gedenkst, dir somit die Freiheit geben, nach Belieben umherzustreifen, und dir gestatten, das automatische Zeichnen aufzugeben, wenn du es nicht weiter betreiben willst. Dein Engel wird ein Springquell an Wissen über die Arbeit an deiner Psyche sein, ein Wesen, dessen Tugenden größte Anstrengungen und höchsten Respekt verdienen.

Ohne diesen Engel als Führer kann der Zauberer bloß seinen Weg in Finsternis entlang stolpern.

XVI. Beschwörung für Fortgeschrittene

Hat ein Zauberer den Buchstaben und Namen einer Kraft festgestellt, verfügt er über einen Weg, jene Kraft herzuholen, um seinem Willen zu dienen. Er kann sie verwenden, um Stimmungen zu erzeugen, obsessive Gedanken zu kontrollieren, Wissen zu erlangen oder Sigillen zu laden, welche jener Sorte von Energie bedürfen, um manifest zu werden. Die Methode, die Energie anzurufen, wird von Zauberer zu Zauberer verschieden sein, doch die Visualisierung des Buchstabens, kombiniert mit mantrischem Chanten seines Namens, wird gewiß im Mittelpunkt der Operation stehen. Vielleicht werden Tanz und Weihrauch, Wein und seltene Drogen eine Rolle spielen; vielleicht wird der Zauberer die ganze Operation in seinem Kopf vollziehen, während er von der Arbeit heimfährt. In jedem Fall wird er in einen Zustand der Leere[18] eintreten, Buchstabe und Name gebrauchen, um die Kraft heraufzuholen, und diese dann in sein Sigill projizieren, so daß es hell in seiner Imagination erstrahlt. Der Unterschied zwischen dem und der Anfängerstufe ist, daß hier der Zauberer die spezifische Kraft verwendet, die er mit dem Buchstaben identifiziert, und nicht das formlose Potential des freien Glau-

---

[18] Mit einiger Praxis kann man das in ein, zwei Sekunden erledigen. Alles hat damit zu tun, wie du deine Augen hältst und deinen Kopf auf deinem Rückgrat einrichtest.

bens, obgleich dieser stets die Dinge vorantreiben wird, wenn er zur Verfügung steht.

Doch mit neuen Kräften kommen neue Gefahren. Sobald du nämlich beginnst, deine heiligen Buchstaben zu gebrauchen, um dich mit einer Kraft in Verbindung zu bringen, setzt du dich der Möglichkeit aus, daß die Kraft bei der geringsten Provokation emporschießt. Du magst beispielsweise auf der Autobahn unterwegs sein, wo dich jemand schneidet. Du bist verärgert; du löst deinen Ärger auf mit dem Weder-Noch, und plötzlich schwebst du auf einem Kissen undifferenzierter Spannung: freier Glauben. Du verwendest also die Energie zum Visualisieren des Sigills deines aktuellen Verlangens und auch der heiligen Buchstaben, die mit irgendwelchen relevanten Kräften assoziiert sind. Doch dann scheint ein Buchstabe zu plötzlichem Leben zu erwachen, und dein ganzer Körper löst sich auf in einer Woge kosmischen Verstehens. Die kritische Frage ist nun: Kannst du immer noch fahren?

Für den wahren Adepten ist das keine Frage. Seine Mitfahrer werden nicht einmal bemerken, daß er den Wagen seinem Autopiloten übergibt und daran arbeitet, die Energie in sein Sigill zu stecken. Der Neophyt mag es vernünftig finden, am Straßenrand anzuhalten. Der Dilettant riskiert den Flammentod.

Jegliche Probleme hier haben nur selten etwas mit dem Autopiloten selbst zu tun, sie kommen vielmehr von einem Ego, das in Panik gerät und ihn gar nie einschaltet. Der Pilot steht als Standardausrüstung praktisch in jedem von uns zur Verfügung; du verwendest ihn jedesmal, wenn du lenkst und dabei einem Baseballspiel zuhörst. Die Panik kommt dann, wenn das schiere Potential der Kraft realisiert wird und weitere Gedanken aufkommen. Diese können tödlich sein, denn wenn du die Kraft bekämpfst, kann sie dich zerstückeln. Die beste Option ist, der Kraft einfach zu sagen, daß sie ihre Anweisungen hat, und sie zum Visualisieren deines Sigills zu verwenden.

Doch gib nie das Steuer aus der Hand

XVII. Die Todesstellung

Mit dieser Beschwörungstechnik für Fortgeschrittene wird der Zauberer entdecken, daß er nicht länger Spielball des Schicksals ist, sondern zumindest die schlimmeren, das Leben ruinierenden Fallen vermeiden kann, die das Dasein ihm in den Weg legen mag. Wenn er sich die Mühe macht, sie dann zu gebrauchen, wenn er sollte, sollte ihm diese Magie die Selbstkontrolle geben, damit er mit unbegründeten Ängsten fertig wird, die Fähigkeiten in Divination und Hellsichtigkeit, um grauenhafte Jobs und gräßliche Ehen zu vermeiden, die Sensibilität, unmögliche Situationen zu erkennen und sich davonzustehlen, und die Kraft, jede bis auf die allerfundamentalste Langeweile zu vertreiben. Und für den Fall einer direkten Attacke wird ihm das Bannungsritual aus Kapitel IV zur Verfügung stehen, welches mittlerweile imstande sein sollte, augenblicklich eine psychische Rüstung abzusondern; er wird gut daran tun, jene mit angemessenen Kräften aus seinem psychischen Arsenal zu befestigen. Gleich ob es die Gattin seines Chefs ist, die schnippische Kommentare zur Aufmachung seiner Frau abgibt, oder der böse Zauberer Mordred, der blaue Donnerwetter gegen seine Aura schleudert, seine ätherische Hülle wird als indifferenter Spiegel dienen, der ihre Gehässigkeit zurück in ihr Antlitz wirft. Eine helle, feste Aura, gehärtet durch jahrelange Bannung und ergleißend unter der Wirkung des Machtwortes des Zauberers, ist sein bester Schutz gegen Obsession, Besessenheit und psychische Attacken.

Auf der anderen Seite jedoch ist Verteidigung gegen eine feindselige Welt nur bis zu einem bestimmten Punkt sinnvoll, einfach weil es nicht die Welt ist, die feindselig ist, sondern wir es sind. Wir können nicht einfach jedesmal, wenn wir auf Opposition treffen, unsere spirituellen Abwehrschilde aktivieren. Wir müssen die Quellen des Widerstandes entdecken, diesen von seinem eigenen Standpunkt verstehen und lernen, mit ihm als natürliche Kraft umzugehen. Erst wenn wir die Rechtfertigung unserer Opponenten für das, was sie tun, ersehen, können wir ihre Rolle im ganzen begreifen und so den besten Weg finden, ihren Zielen zu begegnen oder mit ihnen zu kooperieren.

Natürlich gibt es viele Wege, um diese mystische Objektivität zu erlangen. Yoga, Sinnesentzug und magische Rituale belohnen allesamt den sie ernsthaft Betreibenden mit kurzen Einblicken in das Gesamtbild; gleiches gilt für Spares Methode des Weder-Noch und, selbstverständlich, für die Führung durch deinen Heiligen Schutzengel. Doch Spare hatte eine weitere Technik, die speziell dafür entworfen war, uns einen Insiderblick auf die Hebel und Maschinen zu geben, die im tiefsten Kellergeschoß der Manifestation am Werk sind. Er nannte sie **death posture**, "Todesstellung".

Die Todesstellung ist ebenso ein Akt wie eine Stellung. Der Zauberer **stellt** den Tod **dar**. Er gibt für sich eine Vorstellung, und wenn es ihm gelingt, in die Rolle zu schlüpfen, vermag er das Gefühl für seinen Platz in der Welt zu verlieren und somit alle Glaubensvorstellungen fallen zu lassen, die er brauchte, um ihn dort zu halten. "Es ist der tote Körper, woran wir alle glauben," sagt uns Spare im *Buch der Freude*, "und soll ein Leichnam erwachen,... Wisse um die Todesstellung und ihre Realität in der Vernichtung von Gesetz - den Aufstieg aus der Dualität." Indem er sein Ego zwingt, den Tod zu mimen, kann der Zauberer "zurücktreten", um die Kräfte zu erkennen, die seine Handlungen und jene der anderen energetisieren, und auf diese Weise lernen, wie er am besten seinen Willen zur Ausführung bringen kann.

Im *Buch der Freude* gab Spare explizite Anweisungen für das Einnehmen der Todesstellung. Der Zauberer beginnt, indem er in einen Spiegel starrt, sich selbst in die Augen, bis das Bild verschwimmt und fremd wird. Seine Augen werden sich sodann schließen, und er sollte ein Licht visualisieren, ein "X", das "kuriosen Entwicklungen" unterworfen sein wird. Diese ungeachtet, sollte er an ihm festhalten, bis er jegliche Anstrengung vergißt; zu diesem Zeitpunkt wird er in eine große Maßlosigkeit eintreten, die von unerreichbaren Grenzen zusammengehalten wird. Darin wird er diese Form - $\mathbb{Q}$ - sehen, welche Spares heiliger

Buchstabe für die Dualität ist, welche die Essenz des Bewußtseins darstellt. Alleine in dieser leeren Ausdehnung dahintreibend, wird der Zauberer die Emotion verspüren, welche die Notwendigkeit die Stellung einzunehmen, bekräftigen wird. (Du könntest freilich herausfinden, daß dein eigener Buchstabe für Dualität besser funktioniert als derjenige Spares. Bei mir war es jedenfalls so.)

Sobald das Bedürfnis dafür klar wird, wird der Zauberer seine Augen öffnen, sich auf die Zehenspitzen stellen, seine Arme hinter dem Rücken verschränken, seine Muskeln anspannen und den Kopf in den Nacken werfen, während er "tief und stoßweise" atmet. Er soll das tun, bis er dem Schwindel nahe ist; es zielt ab auf eine Erschöpfung, die in der Einnahme der Stellung selbst behilflich sein wird. Ich sollte jedoch hervorheben, daß hierbei das Herz aus der Ruhe und in Aufregung gebracht wird um anschließend, wie wir sehen werden, wieder in sofortige Ruhe zurückgezwungen zu werden. Obgleich ich kein Experte bin, vermute ich, daß dies für viele anstrengend sein wird; wenn du also deine kardiovaskulare Integrität bezweifelst, konsultiere erst einen Arzt, bevor du das hier ausprobierst. Es ist eine Sache, die Agonie des Todes zu simulieren, eine ziemlich andere, diese zu stimulieren.

Ist er also schwindlig, wird der Zauberer aus seiner aufgerichteten Anspannung in eine kauernde Entspannung verfallen, die Todesstellung selbst. Der Zustand, den er zur Aufführung bringt, ist jener des Todes, also beruhigt er seinen Atem, schließt seine Augen und fühlt, wie sein Körper ganz von selbst steif wird. "Der Körper drückt dabei die Emotion des Gähnens aus, sehnsüchtig in lächelnder Empfangsbereitschaft, das ist die Idee der Stellung." Er wird seine Gedanken ebenso zur Ruhe bringen wie seinen Körper, indem er alle Widersprüchlichkeiten akzeptiert und Gegensätze durch Auslöschung vereinigt. "Nimm wahr und fühle ohne die Notwendigkeit von Gegenteil, entstammte jene nicht dessen eigener Relativität." Mit anderen Worten, beseitige jegliches Entfremdungspotential, indem du alles in die Kategorie des "Selbst" einschließt. Das erfordert natürlich Praxis; man harmonisiert nicht leicht die eigenen Verhaftungen und Abneigungen. Spare empfiehlt eine tägliche Praxis, bis der Zauberer "das Zentrum des Verlangens" erreicht.

Austin Spare glaubte, unsere Sexualität sei unsere tiefe Verbindung mit Kia, sein Name für das unnennbare Absolute, das im allgemeinen Gott genannt wird. Indem wir innerhalb dieser Verbindung all unser Bewußtsein konzentrieren, können wir uns in Kia zurückziehen und die Realität von jedem ihrer Myriaden Standpunkten aus betrachten, wenn auch nur für kurze Zeit. In seinem Buch *Die Wiedergeburt der Magie*[19] zitiert Kenneth Grant Spare, der geschrieben habe, daß die Todesstellung eine "Simulation des Todes durch völlige Negierung der Gedanken" sei, "d.h. die Verhütung von Verlangen und das Funktionieren alles Bewußtseins durch die Sexualität." Und ebenso: "Wir werden der Dinge niemals völlig gewahr, ausgenommen durch einen Einfluß sexuellen Willens, der uns

---

[19] *The Magical Revival*, Weiser, 1973.

aufwachen läßt." Doch wir können uns an diesen Fluß so lange nicht anschließen, als unsere ästhetischen Sinne zugeklotzt sind mit Glauben, der kleiner ist als Kia, Begierden, die kleiner sind als unser Verlangen nach Selbstliebe. Die Todesstellung ist die Art und Weise Spares, jeden partiellen Glauben zu erschlagen, jegliche teilweise Begierde; das Oberflächliche wegzuschaffen, so daß wir unsere Identität mit dem Immensen erkennen können, welches im Inneren liegt und beobachtet.

XVIII. Talismane und die magische Verbindung

Anscheinend war Spare imstande, das eben beschriebene Ideal der Kosmischen Identität mit einigem Erfolg zu erreichen, denn mehr als irgendeinem anderen modernen Zauberer sagte man ihm nach, den Dreh für echte, unzweifelhafte Wunder herauszuhaben. Kenneth Grant zufolge machte Spare einmal Regen auf Verlangen (in England, doch der Himmel war klar, als er anfing) und vermochte gleichfalls sowohl die Gedanken anderer zu lesen als ihnen auch seine eigenen aufzuzwingen. Er tat all dies mit der Hilfe von Geistern - "elementalen Automata" und "intrusiven Familiaren"[20] - die er mit Hilfe von ihnen eigentümlichen Sigillen rief. Er war auch bereit dazu, Bekannten nachzugeben, die um Sprüche für ihre eigenen Zwecke baten. Er stellte diese in Form von Tellern, Untertassen oder Schüsseln zur Verfügung, welche mit Sigillen, heiligen Buchstaben und bedeutungsvollen Piktogrammen verziert waren. Er lud diese auf durch Evokation von intrusiven Familiaren und unter Zuhilfenahme sexueller Mittel, um das Geschirr mit ihrer Kraft zu imprägnieren. Eine Holzschüssel wurde auf diese Weise zu einem Talisman - einem geladenen Objekt, das Kraft speichert, und solcherart transportieren kann - und Talismane sind das gebräuchlichste Mittel, um eine magische Verbindung zu etablieren.

Ein Talisman kann jedes Objekt sein, zu dessen Aufladung sich der Zauberer entschließt; sein tatsächliches Aussehen hängt davon ab, wie er es einsetzen will. Wenn er Kraft speichert, um diese einem Klienten zu späterem Gebrauch zu überlassen, wird er es mit jedwelchen, der Kraft angemessenen, mystischen Symbolen ausschmücken, seien diese Planetenzeichen oder alphabetische Sigillen und heilige Buchstaben. Wenn jedoch seine magische Absicht geheim bleiben muß, wird er einen Gegenstand nehmen, dem man die Zauberei nicht anmerkt. Dieser könnte etwa ein Liebesbrief oder ein Stellungsgesuch sein, und die magische Ladung, mit der ihn der Zauberer versieht, wird dazu da sein, um den Empfänger einzunehmen, ihn dazu zu bewegen, jeglichen Wunsch, den er oder sie oberflächlich liest, zu gewähren.

Die materielle Basis eines Talismans sollte stets neu sein - sei es eine Holzschale oder ein Bogen Blattgold (kabbalistisch der Sonne zugeordnet) - und sollte vor dem Ritual mit geeigneten Inschriften versehen werden. Wenn der Talisman

---

[20] In etwa "eindringliche Vertraute", Familiar jedoch auch "Haus-, Schutzgeist"; d.Ü.

fertig ist, sollte er geweiht werden, sodann sollte der Zauberer die Kraft aufrufen, mit der er ihn tränken will. Wenn die Intensität der Kraft einen Höhepunkt erreicht hat, sollte er sie in den Gegenstand hineinfokussieren. Er wird dies unter Gebrauch von Worten der Kraft tun, um ihn mit Astrallicht zu füllen, oder indem er ihn mit Blut eines Opfertieres oder dem "Elixier", das im "Kelch" nach einem Geschlechtsverkehr zu finden ist, einreibt. Schließlich wird er ihn bis zur abschließenden Bannung sorgfältig in ein schwarzes Tuch einschlagen, um ihn so vor unbeabsichtigter Entladung zu schützen.

Die Art und Weise, einen Talisman zu verwenden, wird bestimmt von der Art der Operation, die man durchführen will. Um die magische Verbindung zu erklären, bestimmte Aleister Crowley drei verschiedene Ebenen der Arbeit:

1. Operationen innerhalb einer Person ▪ 2. Operationen zwischen zwei oder mehr Personen, jedoch auf derselben Ebene oder denselben Ebenen; und ▪ 3. Operationen zwischen zwei Ebenen - das heißt, zwischen dem Zauberer und der Tendenz der Natur.

1. Wenn der Magier innerhalb von sich selbst arbeitet, ist die Verbindung zwischen seinem Willen und dessen Gegenstand intrinsisch und ein weiteres Bindeglied unnötig. Jeder einzelne Geist und Dämon steht bereits unter unserem Einfluß, und wir können sie unseren Willen ausführen lassen, wenn wir sie bloß erkennen und uns dazu bringen können, auf sie einzuwirken. Wenn du dein Magengeschwür heilen willst, BASIC lernen, deine künstlerische Vision bereichern oder dich für das andere Geschlecht attraktiver machen, kann die geeignete Kraft astral aufgerufen und der Aufgabe verpflichtet werden. Selbst dann aber mag der Zauberer einen Talisman für diese Art der Magie verwenden wollen, entweder als Weg, eine Kraft an und ab zu schalten, oder als Eucharistie.

Ein Talisman als Schalter ist einer, den du trägst, wenn du eine Kraft wünschst, und einwickelst und weglegst, wenn du sie nicht brauchst. Ein Liebender könnte also einen Empfindsamkeits-Talisman anlegen, bevor er die Dame seines Herzens trifft, den er nicht wagen würde, bei seiner Arbeit im Inkassobüro zu tragen.

Eucharistische Talismane sind zum Verzehr bestimmt. Du tränkst ein Objekt mit der Sorte Kraft, die du werden willst, und ißt ihn dann; somit baust du die Kraft in deiner Aura auf. Die Hostie sollte hier so etwas wie ein Keks sein mit einem Sigill und einem heiligen Buchstaben, welche mit Lebensmittelfarbe aufgezeichnet sind. Du lädst ihn wie jeden anderen Talisman - mit Licht, Liebe oder warmem, rotem Leben.

Große Vorsicht bei Eucharistien ist deshalb geboten, weil du sicher sein mußt, zu der Kraft werden zu wollen, die du zu dir nimmst, da diese schlicht und einfach eine Besessenheit ist. Das ist naturgemäß dann gefährlicher, wenn Sex oder Blut verwendet werden, als wenn man die Hostie lediglich mit geistigem Licht füllt. Sexualmagie ist genau deshalb gefährlich, weil sie so wirkungsvoll ist. Die Konzentration der Teilnehmer ist von entscheidender Bedeutung, denn wenn ihr

Geist vom Zweck des Ritus abschweift, wird der Zweck ebenso entstellt und das Elixier Gift für sie sein. Sie müssen ein gemeinsames mentales Bild von der Kraft haben, die sie invozieren, und sie dürfen es nicht ins Schwanken geraten lassen, während sie die Kraft aus ihrem Inneren aufbringen. Wenn sie dazu nicht imstande sind, sollten sie sich auf die Kraft in ihrer Imagination beschränken und den Sex für die Liebe aufheben.

2. Wenn der Zauberer daran arbeitet, die Handlungen jemand anderes zu beeinflussen, ist die Notwendigkeit eines magischen Bindegliedes klarer offensichtlich, doch mag einige Anstrengung damit einhergehen. Crowley gibt das Beispiel eines Mannes, der die Liebe einer Frau gewinnen will. Sie hält sich auf denselben Ebenen auf wie er - jenen der Kultur, des Bewußtseins (Sehens, Riechens, Hörens), der Sprache (mündlich und schriftlich) und des Unbewußten (beide haben ein solches und sie interagieren). Dem Zauberer stehen also viele Zugangswege offen. Er kann ihr den Hof machen, indem er ihre hervorragenden Qualitäten preist. Er kann sein Lob bekräftigen und seine emotionale Bedürftigkeit ausdrücken durch Einladungen zum Abendessen, Liebesbotschaften und indem er ihr Blumen schickt, Parfums oder (um ihrem Selbstwertgefühl zu schmeicheln) ihr bedeutende Geschenke macht. Und, um ihr unbewußtes Gemüt zu beeinflussen, kann er jegliche Gabe während eines magischen Rituals aufladen. Diese werden somit sowohl als Talisman als auch als bloße Tändelei dienen und ihre Tiefenpsyche auf seine Seite schubsen, sogar während sich ihrem erwachenden Bewußtsein sein Werben aufdrängt.

Dieselben Überlegungen könnten auf ein Stellengesuch, eine Doktorarbeit oder einen Plattenvertrag zutreffen. Das sind alles Dinge, die in direkten Kontakt mit der Person oder den Personen kommen, die über dein Schicksal befinden werden. Solche Gegenstände werden geeignete Vehikel für deine Kraft sein, vorausgesetzt natürlich, daß es dein Wille ist, einen solchen zwingenden Kurs einzuschlagen anstatt eines mehr selbstzentrierten.

3. Operationen, um eine völlig fremde Ebene zu beeinflussen, sind wie der Versuch, die Gestalt des Schicksals zu beugen; die Frage des Bindeglieds wird also schwieriger. Ein Beispiel für eine solche Arbeit wäre der Versuch des Zauberers, es regnen zu lassen. Oberflächlichste Kenntnis der Meteorologie sagt uns, daß dies komplett den Bereich individuellen Willens übersteigt; Wettersysteme sind große Luftmassen, die sich über ganzen Hemisphären oder zumindest Kontinenten entwickeln und sehr geringe Ähnlichkeiten mit den schlauchähnlichen Geschöpfen haben, die sich auf der Oberfläche herumtreiben. Und doch sagt uns die flüchtigste Bekanntschaft mit dem Pantheismus (und fast alle Zauberer sind Pantheisten, einschließlich dieser hier), daß in der tiefstliegenden Ebene Alle Dinge Eines sind - an ihrem Ursprung im Geist Gottes. Als Erstreckungen des Schöpfers sollte uns also ein kleines tropisches Tief zur Verfügung stehen, wenn wir es wirklich brauchen.

Das Problem hierbei ist, daß der Geist Gottes sehr viel schwerer zugänglich ist als die Aura einer widerspenstigen Liebeskandidatin, und ist der Zauberer erst einmal dorthin gelangt, ist es kaum wahrscheinlich, daß er sich die Notwendigkeit von Regen überlegt. Außer natürlich, es wäre sein Wille. In einem solchen Fall freilich wird er vermutlich nicht versuchen, sich mit Luftfeuchtigkeit, mit Wetterfronten und Hoch- und Tiefdruckgebieten zu identifizieren. Stattdessen wird er ein Elemental herstellen, ein Wesen, dessen Willen es ist, seine Wünsche bezüglich des Wetters auszuführen. Das aber erfordert mehr als den einfachen Entwurf eines Sigills und heiligen Buchstabens, gefolgt von ein wenig Unterdrückung und Chanten. Das Elemental muß geschaffen werden - daß heißt, gezeugt und danach zu unabhängiger Existenz hochgepäppelt. Unter der Annahme, daß der Zauberer fähig ist, es unter Kontrolle zu bewahren, wird es sodann als Familiar zur Verfügung stehen, um sein Verlangen nach Regen zu erfüllen. Wir werden gegen Ende des nächsten Kapitels weiter über diese Herstellung reden.

Um einen Talisman zu entladen, danke seinem Geist und setze ihn frei, indem du eine formelle Entlassung sprichst; sodann bannst du ihn.

XIX. Mittel zur Steigerung

Es sollte mittlerweile offensichtlich sein, daß manche magische Arbeiten mehr Anstrengung erfordern als andere; das hängt sowohl davon ab, wie weit innerhalb der Reichweite deines Willens sich dein Wunsch befindet, als auch wie groß der gewünschte Effekt ist. Ein kurzer Schauer wird leichter auszulösen sein als eine Regenflut; es wird schwieriger sein, Regen in der Wüste zu machen, als im Tropenwald. Du magst also zusätzlicher Techniken bedürfen, um deine Kraft zu verstärken, Elaborationen des beschriebenen blanken Gerüstes von Sigillen und heiligen Buchstaben. Wir werden unsere Berichterstattung über diese in vier breite Kategorien aufteilen: 1. Ritual ▪ 2. Kräuter, Öle und Weihrauch ▪ 3. Drogen; und ▪ 4. Sex.

1. Rituale funktionieren nur, wenn die darin verwickelten Personen wissen, wie man sie zum Funktionieren bringt. Die meisten Rituale, die von organisierten Religionen ausgeführt werden, schlagen fehl, weil die Ausführenden über keine Kraft verfügen: keine Kraft in den Worten des Priesters, keine Kraft im Zuhören der Gemeinde, keine Kenntnis der Arten, auf die Kraft aufgerufen und fokussiert werden kann. Ritual muß spontan erscheinen. Selbst wenn es das Resultat sorgfältiger Planung ist, um genau den richtigen psychologischen Effekt hervorzurufen, muß es stets so natürlich wirken wie Atmen - und niemals gezwungen oder mechanisch.

Der Grund dafür, Rituale aufzuführen, liegt darin, daß es Sequenzen mentaler Zustände gibt, denen du folgen kannst, um dich in eine Identität mit der gewünschten Kraft zu versetzen. Rituale, die versuchen, eine solche Identität zu schaffen, gehen gewöhnlich in dieser Reihenfolge vor: a) Sie definieren die Kraft; b) Sie regen den Zauberer an/auf, bis sein Ego überfrachtet und die Kraft erkannt wird; c) Sie identifizieren den Zauberer mit der Kraft; und d) Sie fokussieren die Kraft gemäß dem Willen des Zauberers.

a) Die Kraft wird im allgemeinen durch einen Eid definiert, der exakt feststellt, wer der Zauberer ist und was er zu erreichen versucht.

b) Die Erregung stellt üblicherweise den längsten Teil des Ritus dar und kann durch Gesang, Tanz, dem Chanten barbarischer Namen, Annehmen der Astralform des geeigneten Gottes oder heiligen Buchstabens oder wie auch immer erzeugt werden.

c) Die Identifikation tritt ein, wenn du Definition und Erregung richtig durchgeführt hast. Der Text des Ritus deklariert sie einfach, dein exaltiertes Gemüt ist gerne bereit, in Wort und Geist darin übereinzustimmen.

d) Die Methode, die der Zauberer anwendet, um die Kraft zu fokussieren, wird von seinen Absichten bestimmt sein. Wenn er Wissen begehrt, das im Zusammenhang mit der Kraft steht, wird er ihre Geister evozieren und diese befragen. Will er die Außenwelt verändern oder die Kraft für später aufspeichern, wird er sie in einen Talisman fokussieren. Wenn er sich selbst ändern will, wird er sie zum Weihen einer Hostie gebrauchen und diese alsdann verzehren.

Zusammenfassend läßt sich über Rituale sagen, daß diese nicht die Stärke von Austin Spare waren, und wenn du glaubst, sie könnten dir liegen, konsultierst du am besten die Schriften Aleister Crowleys, der einer der größten Ritualmagier aller Zeiten war.

2. Kräuter, Öle und Weihrauch hängen insofern zusammen, als daß sie allesamt charakteristische Aromen entfalten und somit nützlich für Zeremonien und Astralreisen sind. Auf einem materialistischen Niveau ist ihr Effekt simple Konditionierung. Wenn ein Zauberer einen speziellen Weihrauch stets nur dann anbrennt, wenn er sich heilig fühlen will, wird dessen Aroma ihn jedesmal, wenn er es riecht, dazu anregen, sich heilig zu fühlen. Auf einem mehr esoterischen Niveau sagt die Überlieferung, daß einige dieser Wirkstoffe mild psychotropisch sind und dazu dienen, bestimmte Aspekte des menschlichen Bewußtseins zu verstärken. Da diese Aspekte mit den verschiedenartigen verfügbaren Kräften verwandt sind, haben Zauberer aller Zeiten ganze Bände mit den Zuordnungen der verfügbaren Essenzen zu den von ihnen erkannten Kräften gefüllt; einige taten das mit mehr Logik als andere. Für allgemeine Zuordnungen (von Weihräuchen und Drogen bis zu Planeten und Metallen) ist Crowleys 777[21] unübertroffen - sei es selbst bloß wegen seiner geistigen Offenheit - obgleich er natürlich alles dem Lebensbaum zuordnet. Da derjenige, der sich unserer Methode bedient, seinen eigenen Baum sprießen läßt, können ihm solche Führer nur als grobe Richtlinien von Nutzen sein. Du fährst am besten, wenn du deine eigenen Forschungen anstellst.

3. Der Wert der diversen zur Verfügung stehenden Drogen richtet sich nach der Droge und der Person, die sie zu sich nimmt. Meiner Ansicht nach sind drei

---

[21] In Deutsch erscheinen: *Liber 777*, Kersken-Canbaz Verlag, Bergen/Dumme 1985 und als Erweiterung das *Liber 888*, Bohmeier Verlag, Soltendieck 1989.

Typen von Drogen wichtig. Crowley war von zwei anderen fasziniert. Meine sind a) Alkohol, b) Hanf und c) Psychedelika. Die zwei Favoriten Crowleys waren Heroin und Kokain. Spare trank bloß ein wenig, seine Sache war der Sex.

a) Seit frühesten Zeiten war Alkohol ein zentraler Bestandteil magischer Riten. Er hilft, Hemmschwellen herabzusetzen, so daß der Zauberer seine Kräfte unkritisch erfahren kann und ihnen freien Zugang zu seinem Ego ermöglicht, wenn er sie ruft. Er verletzt dann, wenn er dich einschläfert, dich zu Fall bringt oder wenn du von ihm abhängig wirst. Ungünstig ist es auch, wenn du - buchstäblich - inmitten von allem pissen oder den Kreis anderswie brechen mußt.

b) Hanf intensiviert. Er macht astrale Visionen eindringlicher, er macht Sinneseindrücke eindringlicher und er macht den Gedankenfluß lebhafter und eloquenter. Er schlägt fehl, wenn die Dinge so rasch ablaufen, daß du ihnen nicht mehr zu folgen vermagst, oder die Visionen so lebhaft werden, daß du in ihnen versinkst, oder wenn der Joint so gut ist, daß du wie eine Rakete abfährst und dann crashst. Beschwörung ist oftmals ein Akt der Ausdauer, und wenn du es nicht erwarten kannst hinauszustürzen, wirst du nicht da sein, wenn die Kraft anklopft.

c) Psychedelika entfernen die Filter aus deinem innersten Gemüt, lassen alles herein, gestatten es deiner Imagination - aufs lebhaftigste - alles hervorzubringen, was sie will. Daher sind sie großartig für die Innenschau, potentiell erschreckend, wenn du irgendetwas Komplizierteres als eine Platte auflegen oder spazierengehen in die Tat umsetzen willst. Sie multiplizieren die Wahrnehmung, jedoch um den Preis verminderter Konzentration, denn die Spanne deiner Aufmerksamkeit wird verschwindend kurz. Daher sind Psychedelika dann gefährlich, wenn das, was du siehst, dich dazu führt, etwas auch nur irgendwie Psychotisches zu tun - das heißt, wenn du deine persönlichen Schreckgespenster auf die Außenwelt projizierst, auf sie reagierst und sodann von Verwirrung erfaßt wirst, wenn die Leute sich zu wundern beginnen, warum du dich so verrückt aufführst. Das heißt, wenn sie nicht über Acid Bescheid wissen, denn in diesem Fall werden sie dir vermutlich bedeuten, welches Schreckgespenst dich heimsucht, und du kannst beginnen, es zu vertreiben.

Psychedelika sind also das schnellste Mittel, dunkle Dämonen aller Art, die sich in deiner Psyche verbergen mögen, zu konfrontieren, und sie haben die üble Gewohnheit, den Hüter der Schwelle[22] herbeizurufen und dir in den Schoß fallen

---

[22] Der Hüter der Schwelle ist eine Personifizierung all dessen, was in der Psyche eines beliebigen Zauberers verabscheuenswert ist, und er ist furchtbar. Er kann nicht geleugnet oder gebunden werden, ihm kann bloß die Stirn geboten werden. Seine Drohung ist Potential, ein kleiner Blick in deine eigene Wurmbüchse, und er gewinnt, indem er dich zur Entscheidung veranlaßt, diese geschlossen zu lassen. Um zu gewinnen, mach weiter und öffne sie, dann verwandle jeden einzelnen deiner Würmer in einen Drachen.

zu lassen. Die Pranksters spielten nicht bloß mit Worten, als sie das Trippen "den Säuretest" benannten[23].

Doch selbst wenn du nicht neurotisch bist, sind Psychedelika besser für passive Kontemplation als für das Zaubern geeignet. Du kannst Kräfte aufrufen, doch mögen diese nicht die von dir gewünschten sein, und sie mögen dich nicht verlassen, wenn du es ihnen befiehlst. Du kannst das Astrale betreten, doch mag es schwerfallen, den ganzen Weg zurückzulegen oder auf ihm zu bleiben oder ihn wieder zurückzugehen, wenn du möchtest. Es ist, als ob die Droge selbst mit einem Platsch in die Mitte deines Unbewußten niederfällt, und wenn du versuchst, deine Geister Kunststücke machen zu lassen, während sie sich dort befindet, werden sie bloß darüber stolpern und alles in Unordnung bringen.

Psychedelika produzieren auch einen verlängerten Wachzustand, der noch lange, nachdem der Spaß vorbei ist, anhält. Und danach kannst du damit rechnen, für deine psychische Intensität ein, zwei Tage lang zu bezahlen, an denen du sehr wenig Energie haben wirst und vielleicht ein wenig verminderte Feinkoordination. Es ist also besser, dann nur viel zu schlafen und herumzuliegen. Wenn du Freitagabend einen Trip nimmst, solltest du Montagmorgen zu 95 % zurück sein, doch nur wenn du Pausen zwischen deinen Trips machst. Wenn du jedes Wochenende einen Trip nimmst, werden diese nach ein paar Monaten zu 25 % aus Spaß bestehen, zu 75 % aus Crashes, und du wirst auch nach vier Tagen noch in Türpfosten laufen und mit der Gabel deine Lippen durchbohren. Es tut nicht gut zu übertreiben.[24]

Crowleys bevorzugte Drogen waren Heroin und Kokain. Er empfand Kokain als ausgezeichnetes Stimulans und Heroin als gute Konzentrationshilfe. Er starb auch als Abhängiger, jedoch war er 72 und bei klarem Verstand. Die Moral daraus überlasse ich dem Leser und stelle nur ausdrücklich fest, daß einer jeden Person Körperchemie verschieden ist, und niemand sagen darf, was einem anderen

---

23 "The Acid Test", englische Redewendung, bezieht sich auf die chemische Prüfung von Substanzen, insbesonders von Metallen, mit Säure, hier war natürlich Lysergsäure(diäthylamid), LSD, gemeint; die Pranksters waren eine Gruppe um Ken Kesey, die in den sechziger Jahren als allererste Hippies in einem alten Bus durch die USA reisten und u.a. tausende Dosen LSD unters fassungslose Publikum brachten, lies "The Electric Kool-Aid Acid Test" von Tom Wolfe; d.Ü.

24 Anmerkung des Übersetzers: Für diejenigen, die psychedelische Drogen (hierzulande in der Praxis meist LSD und halluzinogene Pilze, also Psilocybin; in weitaus geringerem Maß gilt das Gesagte auch für MMDA, "Extasy") noch nicht kennen: Es handelt sich dabei in keiner Weise um Freizeitdrogen, und die potentiellen Gefahren sollten **keinesfalls** unterschätzt werden, wenngleich das sogenannte "Hängenbleiben" in gewisser Weise lediglich eine gefährliche selbsterfüllende Prophezeiung ist. In der Tat "hängen" wir alle immer in unseren Realitäten: Magie ist ja die Kunst der Realitäts-Selektion mit dem Ziel subjektiver Verbesserung, so daß es u.a. geradezu darum geht, neu "hängenzubleiben", wenn auch mit der Option, auch die neugewonnene Realität wieder transzendieren zu können. Dem Neuling lege ich also ans Herz, sich mit Grundbegriffen wie SET und SETTING vertraut zu machen und womöglich die erste Reise in Begleitung eines ERFAHRENEN zu unternehmen. So ein solcher sich dabei nicht findet, übe man sich auf dem Trip angesichts von Üblem **wie auch von paradiesischen Verlockungen** in Erhabenem Gleichmut!

angemessen oder verboten ist. Wie der Gott Hadit es im *Liber AL vel Legis*[25] ausdrückt:

"Ich bin die Schlange, die Wissen & Entzücken verleiht und strahlende Herrlichkeit, und schüre die Herzen der Menschen mit Trunkenheit. Mich zu verehren, nehmt Wein und seltene Drogen, von welchen ich meinem Propheten erzählen will, & berauscht euch daran! Sie sollen euch ganz und gar nicht schaden. Es ist eine Lüge, diese Torheit gegen das Selbst. Die Schaustellung der Unschuld ist eine Lüge. Sei stark, o Mensch! Begehre, genieße alle Dinge der Sinne und Wonne: Fürchte nicht, daß dich irgendein Gott darum verleugne."

4. Von allen Energiequellen, die zur Verfügung stehen, um den menschlichen Geist zu energetisieren, ist keine so offensichtlich wie diejenige, die wir im Sexualakt finden können. Jemand mag ein völlig abgestumpftes Leben führen, so tief im Sumpf des Mundanen steckend, daß er letztlich daran zugrunde geht, und doch kann ihn dieser eine Akt - mit der Freude an Lust oder Liebe vollführt - dem Alltag entheben und seine Seele kraftvoll berühren, und sei es bloß für einen Moment. Der Sexualakt funktioniert für wahre Gläubige und Ungläubige, für die Erlösten und die Verdammten und wurde also von dogmatischen Religionen aller Schattierungen verurteilt oder durch Gesetze eingepfercht. Doch Zauberer verabscheuen Dogma und haben Sexualenergie seit jeher dazu verwendet, ihre Geisteskräfte anzufeuern. Weil sie die Gefahren dieser Kraft kennen, haben sie jene lange durch Geheimnisse und Symbole verborgen, doch - wie von uns gesagt - gibt es in DAS FEUER VOM HIMMEL STEHLEN für einen phantastischen Symbolismus keinen Platz. Wir haben daher alles klar dargelegt, die Techniken und Gefahren zusammen. Die Resultate überlasse ich dir selbst zu entdecken.

Die am besten bekannte Technik der Sexmagie ist die von Crowley im geheimen gelehrte. Sie ist heterosexuell, und die Idee ist, daß der Sexualakt - mit magischer Kompetenz ausgeübt - ein "magisches Kind" hervorbringen wird. Dies ist ein Astralwesen, dessen Kraft der Ausführung der Zwecke der Teilnehmer gewidmet ist. Es wird durch die weiße Hitze des Orgasmus mit Kraft versorgt und ist verkörpert in dem "Elixier", welches durch den Beischlaf erzeugt wird. Die Teilnehmenden müssen diesem Kind zuvor einen Namen geben und ebenso in seiner astralen Erscheinung übereinstimmen, denn es muß während des ganzen Ritus hindurch ihre Imagination erfüllen, bis der Höhepunkt es in ihre vermischten Säfte einpflanzt. Jeder Konzentrationsverlust ihm gegenüber oder unabhängiges Denken während der Vereinigung kann tödlich sein, weil das Kind dann ein Monster sein wird. Die zwei Teilnehmer müssen daher übereinkommen, welchen Symbolismus sie verwenden wollen, was diese Formel weit relevanter für die

---

[25] In Deutsch erschienen: *Liber AL vel Legis* von Crowley, Kersken-Canbaz Verlag, Bergen/Dumme 1985; oder *Das Liber AL in neuer Sprache, Eo-Ipso - Der Weg*, welche die mystischen Texte des Originals Liber AL auf eine praktisch-relevante Handlungsebene bringt: Bohmeier Verlag, Soltendieck 1994.

traditionelle Magie macht, wo es leicht fällt, zu einer gemeinsamen Bilderwelt zu gelangen.

Obwohl Spare sie niemals in seinem veröffentlichten Werk erwähnte, bediente er sich doch zweier Methoden, deren Ausführung auf sexuelle Energie zurückgreift. Beschreibungen von ihnen finden sich in Kenneth Grants *Die Wiedergeburt der Magie* wie auch in seiner Biographie Spares, *Bilder und Orakel des Austin Osman Spare*[26]. Spare bezog sich auf diese Sexualtechniken als "Formel der Irdenenen Jungfrau" und "Hexensabbat", und wir werden sie in dieser Reihenfolge durchnehmen.

Die Formel der Irdenen Jungfrau ist, so wie Crowleys konventionellere Technik, eine Methode, um eine unabhängige Wesenheit hervorzubringen, deren Wille es ist, die Absichten des Zauberers auszuführen. Sie unterscheidet sich dadurch, daß sie autoerotisch ist, und daher keinerlei gemeinsamen Symbolismus verlangt.

Die Irdene Jungfrau selbst ist ein Tongefäß, so gefertigt, daß ihre Innenmaße genau das Volumen des erigierten Penis[27] des Zauberers aufnehmen, wobei an ihrem Grund gerade genug Platz für ein Stück Papier mit dem Sigill seines Verlangens bleibt. Dort am Boden der Jungfrau lädt der Zauberer dieses Sigill während des Orgasmus. Zu diesem Zeitpunkt visualisiert er sein Verlangen und hält das Bild in seiner Imagination, solange es ihm möglich ist. Beginnt das Bild zu verblassen, versiegelt er die Urne und vergräbt sie. Er führt diesen Ritus so aus, daß dieses Begräbnis um Mitternacht, "der Mond im Viertel", stattfindet. Wenn der Mond sich vollendet hat, gräbt der Zauberer diesen tönernen Schoß aus, erneut das Spermium und - "während er passende Inkantationen repetiert" - leert er es als Opfertrank auf den Boden. Sodann vergräbt er die Urne erneut.

Spare warnt, daß obgleich diese Technik niemals fehlgehe, sie doch gefährlich sei, und überläßt daher vieles der Mutmaßung. Er deutet auf den essentiellen Effekt der Formel hin, wenn er schreibt, daß sie Ursprung der Sage von den in der Messingflasche gefangenen Genien sei. Daraus mag man vermuten, daß die Urne den tönernen Schoß darstellt, in welchem der Zauberer einen Familiargeist heranzüchtet. Eine solche Hilfe kann gleichwohl ebenso riskant sein, wie sie wirkungsvoll ist, denn wenn der Zauberer sich in irgendeiner Weise nicht zu kontrollieren vermag, wird er es umso schwerer haben, eine semi-unabhängige Kraft wie diese zu handhaben. Er muß immer die Initiative darüber bewahren, ihr niemals Spielraum für selbsttätige Handlung gewähren und stets eine strikte Trennung zwischen ihrer Form und seiner eigenen aufrechterhalten. **Niemals** darf er sie in sich selbst einladen.

---

[26] *Images and Oracles* of Austin Osman Spare, Weiser, 1975.
[27] Es mag sein, daß ein weiblicher Zauberer einen hohlen keramischen Einsatz entwerfen kann, der den Orgasmus induzieren und die Vaginalsekretionen sammeln kann, doch will ich hier die Forschungen jenen überlassen, die dafür anatomisch ausgestattet sind.

Auf der anderen Seite ist Spares Hexensabbat nicht dazu angelegt, Geister zu erschaffen, sondern mehr als sexuelle Bekräftigung des Weder-Noch Prinzips. Es handelt sich um die Erzeugung freien Glaubens durch sexuelle Hilfsmittel. In einer Gruppenarbeit, so eingerichtet, daß sie die ästhetischen Gefühle der Teilnehmer im Innersten zerstört, wird der resultierende freie Glaube in ein Sigill fokussiert, das entworfen wurde, um den gemeinsamen kollektiven Wunsch zu bezeichnen. Konventionelle Ideen erotischer Anziehung werden durch die Teilnahme sexuell versierter, grotesk-häßlicher, alter Frauen, die eine dominante Rolle im Ritus übernehmen, zerstückelt. Grant zitiert Spare, der geschrieben habe, daß ihre Häßlichkeit essentiell sei, um "die persönliche ästhetische Kultur des Zauberers, die hierbei zerstört wird", zu transformieren. "Perversion wird dazu verwandt, moralische Vorurteile und Konformität zu überwinden." Diese Zerstörung des ästhetischen Sinnes der Teilnehmer zusammen mit dem hypnotischen Effekt des Rituals überwältigen völlig deren Bewußtsein und gestatten einen ungehinderten Strom freien Glaubens, um das Sigill zu laden.

Wie die Göttin Nuit im *Liber AL vel Legis* verkündete:

"Da ich der Unendliche Raum bin und dessen Unendliche Sterne, verfahret auch so. Bindet nichts! Laßt da unter euch keinen Unterschied gemacht werden zwischen irgendeiner Sache & irgendeiner anderen Sache; denn daher kommet Schmerz.

Doch der solches erlanget, möge Herr über alles sein!"

XX. Der magische Kreis und Evokation

Der magisch einigermaßen erfahrene Leser mag sich an dieser Stelle fragen, was denn aus dem magischen Kreis geworden ist. Die meisten anderen magischen Systeme betonen den großen Wert der Arbeit innerhalb eines richtig geweihten Kreises als Schutz während des Beschwörens; DAS FEUER STEHLEN hat ihn hier nicht einmal erwähnt.

Nun gut, vielleicht nicht als solchen, aber dennoch haben wir es getan - und zwar im sechsten Kapitel, als wir alles gesagt haben, was du zu tun hast, um zu bannen, und wie du es vor und nach jeder magischen Arbeit tun mußt. Tatsache ist, daß ein ordnungsgemäß ausgeführtes Bannen einen astralen Kreis erzeugt, der dir in allen außer den allerkraftvollsten Operationen gute Dienste leisten wird. Wenn du im Astralen arbeitest oder dich irgendeiner der bisher dargelegten nichttraditionellen Techniken bedienst, ist ein physischer Kreis unnötig.

Wohl aber ist ein magischer Kreis Voraussetzung für zwei besondere Arten der Arbeit: Blutopfer und die Evokation eines Geistes bis zu dessen sichtbarer Erscheinung. Bei Blutopfern ist es wahrscheinlich, daß die Lebensenergie des Opfers Wesenheiten von außen anzieht. Wenn du einen Geist bis zur sichtbaren Erscheinung evozierst, füllst du ihn mit soviel Kraft, daß im Fall einer zufälligen Berührung mit ihm deine persönliche Identität überwältigt oder (zumindest) dein

Nervensystem gesprengt werden könnte. Diese Vorsichtsmaßname ist jedoch wiederum relevanter für die traditionelle Magie, da Evokation zum Laden eines Talismans nötig sein könnte.

Dennoch weiß man, daß Spare zumindest einmal solcherart Arbeit getan hat, und zwar auf Verlangen zweier Dilettanten, die ein Elemental sehen wollten. Kenneth Grant zufolge sagte ihnen Spare, daß solche Kräfte tief vergrabene unbewußte "Automata" seien, besser dort belassen und lediglich durch Sigillen und heilige Buchstaben manipuliert würden. Doch sie bestanden darauf, also willigte Spare ein.

Er begann sein Werk mit dem Zeichnen eines Sigills auf eine leere Karte, die er dann an seine Stirn drückte, während er ein Mantra repetierte. Innerhalb von Minuten begann ein grünlicher Nebel in den Raum zu dringen, der sich an einer Stelle sammelte und verdichtete, bis er substantiell genug war, daß man (wie Grant es beschrieb) "zwei stecknadelkopfgroße, feurige Punkte, die wie Augen im Antlitz eines Idioten schimmerten," wahrnehmen konnte. An dieser Stelle gerieten die beiden Zuseher in Panik und bestanden darauf, daß Spare die Erscheinung bannte, was er tat, indem er den Spruch umkehrte. Grant zufolge starb einer dieser Dilettanten innerhalb von Wochen, den anderen mußte man in eine Anstalt einweisen. Spare hatte das Gefühl, das erschienene Elemental sei ein abgetrennter Aspekt der Psyche eines der Opfer gewesen. Es hatte seine Chance gesehen, herauszukommen und Kontrolle zu übernehmen, und hatte die unglücklichen Amateure ohne Schwierigkeit am Kragen gepackt.

Spare blieb natürlich unbehelligt, denn alles, was er brauchte, war seine Aura als Zauberer. Durch beständiges Bannen und jahrelange magische Arbeit kann die deine ebenso stark werden. Wie du säst, sollst du ernten!

XXI. Probleme und einige Lösungen

Mit dem Hexensabbat haben wir die letzte der magischen Techniken in DAS FEUER VOM HIMMEL STEHLEN vorgestellt. Der kompetente Techniker sollte imstande sein, sie entweder so, wie sie sind, zu übernehmen oder sie seinen (oder ihren) Gegebenheiten anzupassen und sie sodann einzusetzen, um seinen (oder ihren) Willen auszuführen. Was aber meinen wir mit kompetent?

Wir meinen jemanden, der sich seiner inneren Leidenschaften gewahr ist (und welche möglicherweise in Stress-Situationen gerne dominant werden), Kontrolle über seine eigenen Gedanken hat und die Fähigkeit, an einem Eid festzuhalten - um einen Handlungsablauf in Gang zu bringen und bis zu einem Abschluß durchzuhalten.

Er (oder sie) benötigt auch Klugheit.

Um das Selbst zu erkennen, das Gemüt zu beherrschen und den Willen zu entwickeln, gibt es Übungen.

Um Klugheit durchzusetzen, ist das Gesetz da.

Das Selbst zu erkennen, ist natürlich davon am schwierigsten, doch zwischen Astralprojektion, Traumarbeit, Meditation, Aufrichtigkeit und Psychotherapie (für besonders hartnäckige [und reiche] Fälle) solltest du imstande sein, die Quelle jeglicher wunder Punkte in deiner Seele zu entdecken. Dann ist es bloß eine Frage des jahrelangen Ausgrabens des Verwesten, während du dich beliebiger für dich funktionierender Vorgangsweisen bedienst, seien diese auf Hausverstand oder die Methoden der Magie gegründet. Es möge genügen zu sagen, daß wunde Punkte üblicherweise in der Kindheit eingeprägte Reflexe sind. Ob es sich um Furcht, Zorn, Schuld oder Selbstmitleid handelt, wir alle scheinen mindestens einen zu haben (ich habe nun an meinem Zorn schon Jahre gearbeitet), und man kann sie nicht ignorieren. Carlos Castaneda nennt sie Maßlosigkeiten, und ob Juan Matus nun existiert oder nicht, sind seine Lehren in *Reise nach Ixtlan* (Journey to Ixtlan) und *Erzählungen der Kraft*[28] (Tales of Power) klassische Berichte, wie man mit Maßlosigkeit zu verfahren hat. Ich empfehle sie in höchstem Maß.

Ein weiterer lohnender Zugang ist hier die Arbeit an deinen eigenen Träumen, die ich selbst gerade aufnehme und also nicht versuchen will zu erklären. Es genüge zu erwähnen, daß Ann Faradays *Das Traumspiel*[29] ein verständlicher und undogmatischer Text ist, der für Zauberer und Laien gleichermaßen nützlich ist.

Gedankenkontrolle ist leichter, als mit Maßlosigkeit fertigzuwerden, einfach weil eine Maßlosigkeit uns hilft, in ihrer eigenen kranken Art und Weise zu verfahren; wenn wir sie also aufgeben, verlieren wir eine Krücke. (Ärger macht soviel Spaß!) Wenn wir jedoch unsere Gedanken kontrollieren können, gewinnen wir Macht, und zwar ohne Verlust neurotischer Freuden. Dem Erobern sind also mit Ausnahme der Trägheit keine Hemmungen gesetzt. Diese Trägheit kann beträchtlich sein, wenn man die Übungen richtig ausführt, sind sie jedoch kraftvoll. Wir stellen hier diejenigen vor, die Aleister Crowley aus der Yogakunst der Hindus ableitete, und die folgende Destillation basiert auf Teil eins seines *Buch Vier*[30], das ich ebenfalls empfehle.

Yoga bedeutet Vereinigung, und weil es in Indien praktiziert wird, bedeutet es Vereinigung mit Gott. Es gibt eine Menge verschiedener Yogas. Einige führen zur Einheit mit Gott durch Wissen, einige durch Liebe und Hingabe, einige durch Arbeit. Das für Zauberer interessante System - Raja-Yoga - führt zur Einheit mit Gott durch geistige Disziplin. Die Idee dahinter besagt, daß, wenn du nur tief genug in dein Selbst sehen kannst, du am Grunde Gott finden wirst; dazwischen jedoch gibt es so viele Ablenkungen, daß du Ihn üblicherweise nicht sehen kannst. Die Welten des Kommerz und der menschlichen Gesellschaftsordnung sind Ablenkungen, also lebt der Yogi wie ein Mönch. Der Körper des Yogi ist eine Ablenkung, also zwingt er diesem Stellungen auf, bis er

---

28 Beide (und andere Titel dieser Reihe) erschienen in Deutsch: S. Fischer Verlag, Frankfurt am Main 1973.
29 *The Dream Game*, Anchor, 1976.
30 *Book Four*, Weiser, 1980.

nicht mehr schmerzt. Die Atmung des Yogi stört seine Konzentration, also zwingt er diese in eine Routine. Der Geist des Yogi wandert, also übt er diesen darin stillzuhalten, bis er stillhält. Und so weiter, bis er schließlich den Gott am Grunde findet und Samadhi erlangt. Seligkeit.

Wir Zauberer machen es jedoch nicht so.

Warum? Weil es meistenteils langweilig ist, und jeder Trottel sich bessere Arten ausdenken kann, sein Leben zu verbringen, als sechs Stunden täglich absolut still zu sitzen und die restlichen achtzehn Priester zu spielen. Gleichwohl funktionieren die von den Yogis entwickelten Methoden gut genug, und wir können sie nutzen, um unser Gemüt für unser Zauberwerk zu üben, auch wenn wir nicht versuchen, damit Gott zu finden. Wenngleich wir sie aber nicht so oft ausüben wie Yogis, müssen wir sie dennoch tatsächlich ausüben; und dies, ob wir wirklich wollen oder nicht. Eine halbe Stunde täglich (15 Minuten morgens und abends) ist ein guter Beginn, von dem man sich bis zu etwa einer täglichen Stunde hinaufarbeiten sollte. Diese Zeit sollte man jeden Tag (ausgenommen wenn man wirklich krank ist) einhalten und die Übungen mindestens zwei Jahre lang fortsetzen. Diese Arbeit ist der Grundstein deiner Pyramide. Vernachlässigst du sie, kann dein ganzes Gebäude zusammenbrechen, auch wenn dir das Auge Gottes bereits greifbar nahe ist.

Die acht Glieder (getrennte Disziplinen) des Raja-Yoga sind: 1. Yama ▪ 2. Niyama ▪ 3. Asana ▪ 4. Pranayama ▪ 5. Pratyahara ▪ 6. Dharana ▪ 7. Dhyana und ▪ 8. Samadhi.

Die ersten zwei dienen der Vorbereitung, die nächsten vier sind Techniken und die letzten zwei Ergebnisse.

1. Yama bedeutet Kontrolle. Es umfaßt alles, was du in deinem Leben zu reorganisieren haben magst, damit du ordentlich meditieren kannst, vom Abdrehen des Radios bis dir eine weniger zynische Freundin zu suchen. Es mag einschließen, das Rauchen aufzugeben, damit du freier atmen kannst oder gewisse Speisen, damit dich deine Verdauung einigermaßen in Ruhe läßt. In der traditionellen Praxis der Hindu umfaßt Yama auch Dinge wie das Nichtannehmen von Geschenken und Zölibat, doch das ist bloß eine Krücke für einfältige Gemüter und hat nichts mit uns Zauberern zu tun. Worauf Yama hinausläuft, ist, daß die Arbeit zuerst kommt, und wenn sie das aus irgendeinem Grund nicht tut, ist dir Yama mißlungen.

2. Das "Ni" in **Niyama** ist ein Gegensatz; wenn Yama dich also auf deine Arbeit fokussiert, bedeutet Niyama jenen nach außen gerichteten Anschub, den du benötigst, um die Schwierigkeit des Yoga selbst zu meistern, wie auch die Barrieren, welche die Welt und dein Gemüt gegen deine Absicht errichten. Und es werden Barrieren da sein. Obwohl die anfängliche Erfahrung bei der Meditation euphorisch sein wird, wird sie dich bald echt schlauchen. Der einzige Weg zum Erfolg ist durchzuhalten, bis du gewonnen hast und die anfängliche Euphorie doppelt zurückkehrt. Niyama ist Ausdauer, Akzeptieren, Stärke, Verständnis - all jene Qualitäten, die dich befähigen, kleinere Schmerzen abzuschütteln und mit möglichst wenig Aufhebens in der Welt voranzukommen.

3. **Asana** ist die erste wirkliche yogische Praxis, ein Training des Körpers, damit er stillsitzt und dich während deiner Meditation und Astralarbeit nicht belästigt. Du übst Asana, indem du in einer Position ruhig sitzst und dir für die Dauer deiner Meditation keine Bewegung gestattest. Wenn du einmal eine Haltung gemeistert hast, wirst du über eine Sitzstellung verfügen, die es dir gestattet, dein Körperbewußtsein willentlich fallenzulassen. Diese Fähigkeit ist essentiell dafür, um überhaupt einen Fortschritt im Zaubern zu machen.

Um Asana zu beginnen, entscheide dich für eine Position. Die eigentliche Stellung, die du einnimmst, ist unwichtig, solange dein Rücken gerade ist und dein Kopf aufrecht, denn du mußt sicher sein, sie durchzuhalten und auch nicht einzuschlafen. Die Hindus haben tausende Stellungen für Asana erfunden, doch kannst du dein Leben damit vergeuden, sie alle zu studieren; daher tun dies die meisten Zauberer nicht. Die Lotusstellung eignet sich hervorragend, wenn du dehnbare Sehnen hast; sonst kannst du ruhig auch in einem Sessel sitzen.

Angenommen du hast dich für deine Stellung entschieden (inklusive der angenehmsten Art, deine Hände, Knöchel und Füße zu schichten), bist du nunmehr bereit zu beginnen. Dafür setze dich in die Stellung so lange, wie du es festgelegt hast, und bewege dich nicht. Wühle nicht in deiner Leistengegend. Schabe nicht mit dem kleinen Finger am Jucken in deinem Nacken. Bewege nicht deine Beine, um einen Krampf zu lindern, und hebe nicht deine Schulter, um eine Sehne anders zu schlichten. Die einzigen Bewegungen, die du dir gestatten solltest, sind diejenigen, die nötig sind, um extrem zu atmen, und kleine Handbewegungen, um deine magischen Aufzeichnungen zu führen und vielleicht eine Stoppuhr zu bedienen. Nur durch absolutes Stillhalten deines Körpers kannst du dir dein Nervensystem untertänig machen - zumindest für diese eine Stellung - was dir ermöglicht, mit deinen ernstlichen Anstrengungen der Gemütsbeherrschung zu beginnen.

Der Fortschritt des durchschnittlichen Asana-Studenten durchläuft drei Phasen, die wir einfach Anfang, Mitte und Ende nennen wollen.

Am Anfang ist Asana recht angenehm. Du wirst sofort bemerken, wie dich das Stillsitzen deiner Gemütsregungen gewahr werden läßt - wie dein Körper dich normalerweise vor der Erkenntnis bewahrt, daß deine Gedanken viel mit einem Käfig voller Affen gemeinsam haben - und du wirst eifrig mit deren Training beginnen wollen. Deine anfänglichen Bemühungen im Asana werden sich auch beruhigend auswirken, und es wird klar werden, daß man tatsächlich fähig sein muß, still zu sitzen, bevor man irgendwelche mentalen Übungen durchführen kann.

Diese euphorische Phase mag ein paar Tage anhalten, doch nicht viele.

Der Mittelteil von Asana ist ein Bereich, in dem der Schmerz regiert. Die Praxis wird mühsam. Du beginnst zu bemerken, daß du deine ausgesuchte Position nicht wirklich behältst - daß du es deinem Kopf gestattest, herabzuhängen, deinen Hüften, sich zu verschieben, deinen Füßen, die Lage zu ändern. Du wirst dich also korrigieren und damit Erfolg haben, doch du wirst auch empfänglicher für den Schmerz. Es wird dich jucken, aber wenn du, deine Disziplin vernachlässigend, dich kratzt, wird es dich sofort an drei anderen Stellen jucken. Deine Muskeln werden sich verkrampfen. Du wirst so angespannt sein, daß es zehn Minuten über die Zeit hinaus dauern wird, bevor du dich wirklich erheben kannst, und das selbst wenn du auf einem Sessel gesessen bist. Du darfst jedoch nicht versuchen, diesem Schmerz auszuweichen, weil ihn das bloß verlängern würde. Du mußt einfach deine verschriebenen Übungen machen und durchhalten - bis du zum Ende kommst.

Und es gibt ein definitives Ende. Es wird eine Zeit kommen, da der Schmerz verschwindet und du sagen kannst, erfolgreich zu sein. Es wird dich nicht jucken, noch wirst du dich verkrampfen. Du wirst fähig sein, dich von deiner Meditation zu erheben, unbekümmert daß dich deine Gliedmaßen auch tragen. Dein Körper wird dich schlicht und einfach nicht mehr belästigen, und jedesmal, wenn du in der Stellung sitzt, wirst du dich daraus erfrischt erheben. Nun wirst du über eine Position verfügen, in der du deine Meditation und Astralarbeit ausüben kannst.

4. Pranayama ist Atemkontrolle und dazu gedacht, den Atem in einen steten Rhythmus zu zwingen, in eine Gewohnheit, die deine Konzentration nicht stört. Geschieht das Atmen absichtlich tief, erfreut sich der Meditierende auch der Wohltaten der Hyperventilation, obwohl das nicht so extrem betrieben werden sollte, daß man umkippt.

Was die spezielle Zählweise anlangt, wird für Anfänger der vierfache Atem empfohlen: vier Takte einatmen, vier Takte anhalten, vier Takte ausatmen, vier Takte leer. Späterhin magst du vielleicht in einem Verhältnis von 1:4:2 ein:anhalten:ausatmen. Vergiß nicht: Je länger du deinen Atem anhalten kannst, desto länger wirst du deine geistige Arbeit tun können, ohne durch Atmen abgelenkt zu sein.

Während des Pranayama magst du sehr zum Schwitzen neigen oder magst finden, daß dein Körper leicht hart und steif wird, was dir helfen wird, dein Asana auszuführen. Weder das eine noch das andere ist Grund zur Sorge, doch versuche, nicht vornüber zu kippen.

Asana und Pranayama sind also die zwei mechanischen Glieder des Raja-Yoga. Wenn du sie richtig ausüben kannst, bist du bereit für die nächsten beiden Glieder, die geistigen Übungen des Pratyahara und Dharana. Es sollte freilich betont werden, daß regelmäßige Praxis die essentielle Sache dabei ist, ob du dich nach Meditieren fühlst oder nicht. Wenn du dich für zwei halbe Stunden tägliches Asana entschieden hast, mußt du diese ungeachtet von irgendetwas stillsitzend verbringen, oder es zumindest versuchen. Wenn du sagst, eine halbe Stunde zu absolvieren, sind dreißig mickrige Minuten besser als 25 hieb- und stichfeste, und selbst Reisen oder das Begräbnis eines nahen Anverwandten sollten nicht in die Quere kommen.

5. Pratyahara ist eigentliche Meditation, Introspektion darin, warum du so denkst, auf Dinge so reagierst, wie du es tust, warum deine Gedanken auf dem einen Gleis dahinziehen statt auf dem anderen. Du kannst über Leute, Situationen, Träume, Gegenstände meditieren - wobei du deine Gedanken auf dein Thema begrenzt, bis nichts sonst im ganzen Universum übrig ist, und dann deine Perspektive erweiterst, bis du die Beziehung des Themas mit allen anderen Dingen im Universum erkennst, und wie deren Existenz voneinander abhängt. Es ist ein Weg, um deinen Platz im Kosmischen All zu finden, wobei du eine Perspektive gewinnst, wie du dem Ganzen am besten begegnest.

6. Dharana. Um jedoch Fortschritte im Pratyahara zu machen, mußt du genug Konzentration aufbringen, um einem Gedanken bis zu seinen Wurzeln zu folgen, gleich welcher Gott oder Dämon dort unten verborgen sein mag. Um diese Konzentration zu erlangen, steht uns Dharana zur Verfügung, das reine und einfache Konzentration ist und zugleich wirklich harte Arbeit. Es ist nicht nur für die Meditation wertvoll, sondern unterstützt die Konzentrationsfähigkeit und hilft auch bei der Astralarbeit, da es die Fähigkeit verleiht, während einer Reise die geistige Gegenwart zu bewahren - um die astrale Landschaft im Fokus zu behalten und ganz allgemein das Begonnene zu beenden, das Geöffnete zu schließen und nichts, das getan werden muß, ungetan zu lassen.

Die Praxis des Dharana besteht in der Visualisierung eines einzelnen geistigen Bildes. Zu Beginn setzst du dich in dein Asana und führst Pranayama so aus, daß dich dein Atem weder ablenkt noch ungebührlich aufregt. Dann visualisierst du eine einfache geometrische Form, **doch laß keine Schwankungen zu!** Es kann ein rotes Quadrat sein, ein grünes Kreuz, eine blaue Glocke - doch wenn du dich einmal für Farbe, Umriß, Größe und einen Hintergrund entschieden hast, halte daran fest und gestatte weder Änderungen noch Hinzufügungen. Erlaube den Armen des grünen Kreuzes nicht, zu schrumpfen oder dem roten Quadrat, ins Orange zu vergilben. Erlaube nicht weißen Blumen auf der blauen Glocke zu blühen oder ihrem grauen Hintergrund, grün zu werden. Halte dein Bild stetig im Gemüt, laß nichts anderes ein, und gestatte dem Bild keinerlei Veränderung.

Zu Beginn magst du, bist du wirklich gut diszipliniert, fähig sein, das etwa neun Zehntel Sekunden lang aufrechtzuerhalten. Dann wird sich das Bild auf die eine oder andere Art ändern, du wirst es zurück zwingen, und dann wirst du von irgendeinem fremden Gedanken abgelenkt werden und das Bild gänzlich verlassen, bis du dich wieder fängst und es zurückholst.

Die offenkundigste Ablenkungsquelle sind körperliche Empfindungen, die freilich verschwinden werden, wenn du erst deine Stellung perfektioniert hast. Als nächstes werden Geräusche aus der Außenwelt eindringen, doch werden diese durch beharrliche Anwendung des Hyperventilationsprinzips gleichsam ihren Platz in einem über dich ausgebreiteten Lärmteppich einnehmen und somit ignoriert werden können. Danach kommen Gedanken, die durch Erinnerungen an die nahe Vergangenheit erzeugt werden - was Reagan aus der Röhre sprach, was du heute im Garten getan hast, wie die Ortsmitte aussah, als du das letzte Mal durchgefahren bist. Es ist verblüffend, wie verschlungen diese Rekapitulationen werden können, was klar macht, daß unser Geist weit mehr Information aufnimmt, als wir währenddessen gewahr werden.

Die hinterlistigste Form der Ablenkung sind die simplen alten Tagträumereien. Du wirst dich in deinem Asana hinweg pranayamen und dich dafür entscheiden, dich auf einen orangen Stern zu konzentrieren. Du wirst ihn `reinkriegen'; seine Zacken werden sich ein wenig verschieben, und seine Farbe wird ins Grünliche spielen, doch im großen und ganzen wirst du ihn haben. Du wirst ihn so gut haben, daß du fähig sein wirst, ihn bloß mit einem Teil deines Geistes zu behalten, während ein anderer Teil beginnt über etwas Interessanteres nachzusinnen, etwa wo du letztes Wochenende mit der Dame warst, in deren Höschen du gerade zu gelangen versuchst. Das wird dich auf Gedanken bringen, wie es sein wird, wenn du schließlich Erfolg hast, oder auf deinen nächsten Versuch; und ehe du dich versiehst, wird dein orangener Stern vergessen sein.

Die einzige Art, damit fertigzuwerden, ist, dich zu strikter Rechenschaft über dein Tun anzuhalten. Aleister Crowley sagt uns, ein Zauberer sollte sein Dharana mit Schreibblock, Bleistift und Stoppuhr machen, damit er präzise wissen kann, wie beständig sein Gemüt geworden ist. "Eine der essentiellen Schwierigkeiten in der Praxis ist, daß es eine Menge Geschick und Erfahrung braucht, um den Geschehnissen gegenüber wirklich wachsam zu sein. Du kannst dich über recht lange Zeitspannen dem Tagträumen hingeben, bevor du draufkommst, daß deine Gedanken überhaupt abgeschweift sind."

Crowley betonte auch, daß man darauf achten sollte, seinen Geist nicht übermäßig zu beanspruchen. "In meinen frühen Tagen war ich oft mit ein, zwei Minuten pro Mal zufrieden; drei, vier dieser Zeitspannen zwei- oder dreimal am Tag." Wenn es zu schmerzen beginnt, kehre zu Pranayama zurück - versuche vielleicht herauszufinden, warum jene Kinder dich in der zweiten Klasse so schlecht behandelt haben.

Eine höhere Form der Ablenkung als bloße Tagträume widerfährt dir, wenn deine Konzentrationsbemühungen mit dem Objekt in Interferenz treten. Du magst abgelenkt werden durch Gedanken, wie gut du schon bist, oder um wieviel leichter das Ganze im nördlichen Maine ginge. Diese Art der Unterbrechung ist weniger schlimm, nur eine kleine Variation deiner erstrebten Punkt-Genauigkeit.

Crowley erwähnt zwei andere Störquellen - Halluzinationen des Gehörs (eine Abart psychischer atmosphärischer Störungen) und auch das gewünschte Ergebnis der Praxis, Dhyana und Samadhi.

7. und 8. Dhyana und Samadhi sind Resultat der Ausübung der vorigen sechs Disziplinen mit solcher Hingabe, daß du dir keine Zeit für irgendetwas anderes läßt. Mein Vorschlag ist nicht, dies zu tun, sondern nur, daß du die Praktiken dazu verwendest, um über dein gewohnheitsmäßiges Denken zu lernen und es unter deine willentliche Kontrolle zu bringen. Also kann es sein, daß du Dhyana und Samadhi durch yogische Praktiken nie erleben wirst. Es mag daher genügen zu sagen, daß Dhyana das Angesichtigwerden Gottes ist und Samadhi die Vereinigung mit ihm.

Am Ende dieses Kapitels steht eine weitere Disziplin Crowleys. Es ist eine Technik, den Willen zu entwickeln, eine sogar noch mechanischere Methode als jene des Yoga. Crowley nannte sie *Liber III vel Jugorum*[31]. Sie besteht darin, daß der Student einen Eid leistet, von willkürlich bestimmten Handlungen abzulassen - beispielsweise eine Woche lang nicht sein Gesicht mit seiner linken Hand zu berühren, einen Monat lang das Wort "von" nicht auszusprechen, im Januar und Februar nicht über den Frühling nachzudenken oder was auch immer. Weil es praktisch sicher ist, daß er den Eid brechen wird, solange dieser Geltung hat (sogar Dutzende Male), muß er auch einer Strafe zuschwören, die ihn verpflichtet, seine Sache wieder ins Lot zu bringen. Die Wahl der Strafe ist beliebig, doch da man diese leicht oft wiederholen können muß (bis zu dreimal in der Minute, wenn man geschworen hat, nicht "und", "äh" oder "ich" zu sagen), schränkt sie das so ziemlich auf körperlichen Schmerz ein. Crowley empfahl den Gebrauch einer Rasierklinge am Unterarm, doch das bedeutet mit Kanonen auf Spatzen zu schießen[32]. Eine Stecknadel im Saum deines Gewandes kann dazu taugen, dich damit ins Bein zu pieksen oder, wenn du es vorziehst, deine Haut lieber nicht zu verletzen, streif dir ein dickes Gummiband ums Handgelenk und gib dir jedesmal, wenn du das Verbotene tust, einen festen Schnalzer.[33]

Wichtig ist zu betonen, daß die Handlungen, die du dir untersagst, willkürlich sein müssen. Hätten sie irgendeine Moral oder wären sie von emotionalem Wert, wie etwa wenn du dir Snacks zwischen den Mahlzeiten verbietest oder Gedanken an deinen Ex-Mann, würdest du deinen Willen mit deinem Verlangen korrumpieren und auch jene geistige Krankheit riskieren, die mit der Unterdrückung dunkler Bosheiten einher geht. Es ist besser, den Willen erst an Versagungen zu stärken, die gänzlich harmlos sind. Wenn er dann in Form ist, magst du ihn gebrauchen, um deine dunklen Bosheiten zu evozieren, auf daß sie in all ihrem bösen Glanz erscheinen, ihre Namen und Buchstaben bestimmen und sie sodann mit deinen Zwecken verbinden.

---

[31] Du kannst sie auf Seite 427 der engl. Ausgabe von *Magick in Theory and Practice* finden.
[32] Dies ist auch ein Beispiel für Crowleys Sinn für Humor und mag eine absichtliche Täuschung sein, eine Absurdität um jene Aspiranten abzuschrecken, die nicht mit Hausverstand begabt waren.
[33] Robert Anton Wilson berichtet, daß er sich bei dieser Gelegenheit fest in den Daumen biß; d.Ü.

XXII. Das Gesetz

Das Gesetz ist das große Bollwerk der Menschheit gegen Chaos. Ob Stammes- oder Kirchenrecht, ungeschrieben oder geschrieben, das Gesetz regelt das Verhalten und bewahrt die Ordnung, indem es Gewalt eindämmt und die Leute davon abhält, einander auf die Zehen zu treten. Abhängig davon, wie gut es den Leuten, die es regiert, angepaßt ist, ist das Gesetz in diesem Bestreben erfolgreich. Wenn eine Kultur sicher ist, sind ihre Gesetze bloß zierendes Stickwerk auf einem festen sozialen Gewebe. Wenn eine Kultur sich in den Geburtswehen einer Veränderung befindet, werden ihre Gesetze umgekehrt fehlerhaft, vergeblich, töricht und tyrannisch. Schließlich wird jeder Mann und jede Frau - aus den höchsten und niedrigsten Rängen gleichermaßen - in gewisser Weise kriminell, bis die Autorität zusammenbricht und eine neue Ordnung Gelegenheit hat zu entstehen.

Vor gar nicht allzulanger Zeit war das Gesetz nicht so zweifelhaft wie heute. Das Gesetz war die Art und Weise, den Status quo aufrechtzuerhalten - jenen Zustand, in welchem Besitz und Klasse das Kennzeichen gesellschaftlichen Ranges waren, und der Rang etwas, das durch Generationen innerhalb der Familien weitergegeben wurde. Die Gesetze, die diese Ordnung regelten, wurden dem Volk ohne Unterschied von weisen alten Männern übergeben: Moses, Mohammed und Albertus Magnus; Hammurabi, Caesar und Napoleon Bonaparte; die Gründungsväter[34]. Auf die eine oder andere Art etablierten oder bewahrten sie alle eine Sozialordnung. Die Leute kannten ihren Platz, wußten, wenn sie sich nicht auf diesem befanden und auch, daß alle anderen dies ebenso wissen würden. Und so war es 5000 Jahre lang.

Doch nicht länger ist es so. Ökonomisch hat sich die technische Revolution ins All katapultiert und eine stabile Umlaufbahn erreicht. Politisch sind die alten Reiche nur mehr Briefmarken in einem Album und Münzen in Schreibtischschubladen, und sogar die Supermächte scheinen nicht in der Lage zu sein, ihre Einflußsphären intakt zu halten. In der Religion steht alles auf der Kippe. Wenn du ein Christ bist, dann erreichen wir die Letzten Tage. Wenn du Marxist bist, dann erheben sich die Massen auf der ganzen Welt, um ihre Ketten abzuschütteln. Wenn du Hindu bist, so ist es das Ende des Kali-Yuga. Wenn du ein orthodoxer Jude bist, darfst du bald den Messias erwarten, und für einen Astrologen lugt das Wassermannzeitalter um die nächste Ecke. Und wenn du ein Zauberer bist, meinst du vielleicht, es ist das Eintreffen des Äons des Horus.

Ich weiß, daß ich das tue.

Wie immer du es also betrachtest, funktionieren die alten Regeln offensichtlich nicht mehr so gut. Noch sind sie sehr relevant dafür, wie wir unser Leben als Zauberer möglichst umsichtig führen sollen. Die Zeit des Patriarchats weiser alter Männer, die uns sagen, was wir tun sollen, ist vorbei. Die Dinge passieren

---

[34] Der USA; d.Ü.

heutzutage einfach zu schnell, als daß jene mithalten könnten, und wenn wir weise Umsicht wollen, müssen wir sie für uns selbst finden. Zu diesem Zwecke bieten wir Aleister Crowleys apokalyptische Vision an, die gar nicht wirklich apokalyptisch ist, indem sie nur eine Phasenveränderung verkündet und nicht das Ende aller Dinge. Die neue Phase erfordert ein neues Gesetz, und ein solches bietet uns Crowley; und, bedeutsamer Zauberer der er war, ziemt es sich für uns, es zumindest in Betracht zu ziehen.

Das Kommen des Äons des Horus[35] wurde erstmals im April 1904 verkündet. Die Verkündung geschah durch Aiwass, eine diskarnierte, immaterielle Intelligenz, die sich durch stimmliche Manifestation Crowley kundtat, der mit seiner schwangeren Frau Rose gerade Kairo besuchte. Diese Verkündung wurde nicht durch ein Zutun Crowleys ausgelöst, vielmehr war es Rose, die darauf beharrte, Horus[36] hätte eine Botschaft für ihn, ihm sagte, er müsse Ihn invozieren, um diese zu empfangen, und ihm genug symbolische Informationen[37] gab, um ihn zu überzeugen, daß eine höhere Macht durch sie am Werk war. Er führte also ihre rituellen Anweisungen aus und empfing als Resultat die Ansage des *Liber AL vel Legis*, des Buchs des Gesetzes.

Das *Liber AL vel Legis* besteht aus drei Kapiteln, eines für jeden der drei Götter, die dieses neue Äon regieren: Nuit, unendlicher Raum; Hadit, der Gesichtspunkt; und Heru-Ra-Ha, Bewußtsein, der Orgasmus, der der Vereinigung von Nuit und Hadit entspringt. Heru ist eine gepaarte Gottheit mit aktiven und passiven Aspekten. Der aktive - Wille oder Intention - wird Ra-Hoor-Khuit genannt, der für die Ägypter eine Personifizierung der Sonne in ihrer größten Hitze war. Der passive - Wahrnehmung - ist Hoor-Paar-Kraat, das Neugeborene im Ei, den die Römer Harpocrates, den Gott des Schweigens, nannten. Naturgemäß übernimmt Ra-Hoor die Initiative beim Diktieren von Herus Kapitel, doch können Hinweise auf Hoor-Pa-Kraat im ganzen Buch gefunden werden.

Es ist jedoch nicht unsere Absicht, hier tiefer in den Symbolismus des *Liber AL vel Legis* einzudringen. Wir werden hier bloß seine fundamentaleren Regeln vorstellen und zeigen, wie sie dem Zauberer als passende Richtlinien dienen, während er durch den Unendlichen Raum fällt.

1. "Jeder Mann und jede Frau ist ein Stern."

Das Modell für menschliche Beziehungen im neuen Äon ist jenes von Sternen in einer Galaxie. Jeder hat seine eigene Bahn und richtige Bewegung; es gibt keine Chefsterne oder sternenhaften Institutionen - keine Regierungen der Sterne, durch die Sterne und für die Sterne - die dem individuellen Gestirn sagen, wie es sich zu bewegen habe. Wir menschlichen Sterne müssen die Fertigkeit erlangen,

---

[35] Es ersetzt jenes des Osiris - Patriarchat - das die letzten 2000 Jahre am Ruder war. Davor kam das Äon der Isis - Stammeskultur - welches irgendwann in unserer Vorgeschichte als Primaten anfing.

[36] Der falkenköpfige, ägyptische Gott.

[37] Von welchem er wußte, daß er ihr unbekannt war.

unsere menschliche Umgebung mit derselben leidenschaftslosen Präzision wahrzunehmen, mit der Sterne auf die Gravitation ihrer Nachbarn reagieren, und diese dann als Anleitung für unser Fortschreiten durch unseren menschlichen Raum verwenden.

2. *"Tu was du willst, sei das ganze Gesetz."*

Das Gesetz ist daher für jeden von uns, und es ist an uns seine richtige Bewegung herauszufinden und ihr zu folgen. Indem wir an unseren jeweiligen Umlaufbahnen festhalten — Crowley nannte das unseren Wahren Willen - werden wir synchron zur Bewegung der Unendlichkeit laufen, und alle Dinge - selbst der Wind und die Bäume - werden uns helfend beistehen.

3. *"Das Wort der Sünde ist Beschränkung...*
Du hast kein Recht, außer deinen Willen zu tun. Tu diesen, und kein anderer soll nein sagen. Denn der pure Wille, ungetrübt durch Absicht, befreit von der Lust auf ein Ergebnis, ist in jeder Weise vollkommen. Das Vollkommene und das Vollkommene sind ein Vollkommenes und nicht zwei; nein, sind keines."

Wir haben kein Recht, außer wir selbst zu sein und zwar nach besten Kräften. Wir haben kein Recht, unsere Kraft im Alkohol aufzulösen, durch TV-Sport oder perspektivelose Jobs. Wir haben kein Recht, unsere Seelen und die Wirtschaft in einer geistlosen Jagd nach Wohlstand um seiner selbst willen zu vergeuden (im Gegensatz zu Wohlstand als Belohnung eines produktiven Lebens). Wir haben kein Recht, von irgendjemand anderem zu erwarten, daß er mit unserer Vorstellung dessen, was er tun oder lassen soll, übereinstimmt. Wenn wir aber einmal unseren Willen gefunden haben und diesem folgen, brauchen wir keine Einmischung zu fürchten. Wenn uns Umstände in den Weg treten, haben wir das sichere Wissen, daß das Moment des Universums mit uns ist, und wir nur Ausdauer brauchen, am Ende siegreich zu bleiben. Wenn uns Menschen in den Weg treten, Leute, die sich ihrer Einmischung wohl bewußt sind, so sanktioniert das *Liber AL vel Legis* mit allen nötigen Mitteln, um deren Einmischung zu beseitigen. Wie Ra-Hoor in seinem Kapitel drei sagt:

4. *"Fürchte überhaupt nicht; fürchte weder Menschen noch Schicksale noch Götter noch irgendetwas. Geld fürchte nicht noch Gelächter des tumben Volks noch irgendeine Macht im Himmel oder auf Erden oder unter der Erde. Nu ist deine Zuflucht, wie Hadit dein Licht; und ich bin die Stärke, Kraft, Wirksamkeit deiner Arme."*

Wenn wir uns direkter Opposition gegenübersehen und unseres Terrains und Rechts, uns darauf zu befinden, gewiß sind, können wir die Kraft Ra-Hoor-Khuits dagegenschleudern und das Unbehagen dessen, den sie trifft, unbeachtet lassen. Es muß jedoch eine direkte Opposition sein. Wenn es dein Wille ist, Mausefallen zu machen, und ein anderer baut eine bessere, mußt du, um deinen Willen zu tun, dich und deine Mitbewerber transzendieren und neue Höhen des Mausefallenbaus erklimmen. Du darfst dich aber nicht verschwören, um Handelshindernisse zu erwirken, oder die Fabriken der Konkurrenten sabotieren. Das wäre Beschränkung, das Wort der Sünde. In derselben Weise darfst du, willst du eine Frau (oder einen Mann), diese(n) nicht belästigen oder ihre (seine) Unterwerfung herbeischwören. Du mußt also unendlich sensibel sein dafür, was deinen wahren Kurs betrifft, da du kein Recht hast, außer deinen Willen zu tun.

Doch zuerst mußt du herausfinden, was dieser ist.

Das erste, das es zu überlegen gilt, ist, daß dies eine individuelle Anstrengung sein muß. Es gibt niemanden, der dich besser kennen kann, als du selbst es tust, und selbst wenn jemand (sagen wir deine Mutter) zum jetzigen Zeitpunkt einen besseren Einblick in deinen Charakter[38] zu haben scheint, wird sich das ändern, sobald du beginnst, die Techniken anzuwenden, die wir hier in DAS FEUER VOM HIMMEL STEHLEN angeben. Die zweite Sache ist, daß du dich erst dann genau kennen kannst, wenn du deinen Heiligen Schutzengel kennst und mit diesem in Konversation getreten bist. Dein Engel ist die Verbindung deines Gemüts mit dem Gemüt Gottes, und nur wenn du mit ihr (oder ihm) kommunizierst, wirst du exakt wissen, was du zu tun hast, um deine Balance mit dem Kosmischen All (oder wie immer du es sonst nennen magst) zu bewahren.

Der dritte Punkt ist der, daß, ausgenommen du hast eine Vorahnung davon, was dein Wahrer Wille sein könnte, du nie auch nur in die Nähe eines Treffens mit deinem Engel kommen wirst, geschweige denn eine Konversation entfachen. Es ist also nötig, dich zuvor anzunähern, um die weite Senke zu finden, die sich zu jener Furche verengt, die so tief wird, daß du nicht herauskommen könntest, wenn du wolltest, obwohl du das nicht tust, weil

"der pure Wille, ungetrübt durch Absicht, befreit von der Lust auf ein Ergebnis, ist in jeder Weise vollkommen."

Und wie beginnst du deinen Abstieg in diese Senke?

Größtenteils indem du du selbst bist und alle Aspekte eines Lebens verwirfst, die angenehm genug sind, doch nicht wirklich du. Du mußt deinen Zynismus fallen lassen, deine Furcht, deine Faulheit. Du mußt das Gespött ignoranter Kameraden abschütteln. Du mußt die materiellen Belohnungen mißachten, von denen du meinst, daß sie am Ende der verschiedenen anderen, dir zur Wahl stehenden Wege liegen. Sie mögen dort sein oder nicht, siehst du, und selbst wenn sie es sind: Welchen Profit macht ein Mensch, der die ganze Welt gewinnt, doch seine Seele verliert?

Hast du einmal hinausgeworfen, was nicht dein Wille ist - wie findest du dann heraus, was er ist? Indem du tust, was dich herausfordert, indem du Arbeit findest, die dir Spaß macht, und dann tust. Indem du **Enthusiasmus** kultivierst - üb-

---

[38] Tatsächlich wird sie wahrscheinlich einen besseren Einblick in deine Charakterfehler (Dämonen) haben als das essentielle Du, und wenn du beginnst diese Fehler zu korrigieren und zu deiner Kraft findest, mag sie gar bemerken, daß sie dich nicht mehr **kennt**. Diese Entwicklung soll ermutigt werden.

rigens ein Wort, dessen griechische Wurzel die Inspiration oder die Besessenheit durch einen Gott bedeutet. Dem *Liber AL vel Legis* zufolge sind wir Götter, und wenn wir unseren Willen tun, verhalten wir uns wie solche und erlangen das Recht, göttliche Privilegien zu beanspruchen. Wie Hadit uns sagt:

5. *"Erinnert euch alle, daß Existenz reine Freude ist; daß all die Sorgen nur wie Schatten sind; sie ziehen vorüber und sind abgetan; doch es gibt das, was bleibt."*

Und ebenso, aus dem ersten Kapitel, das der Göttin Nuit:

6. *"Liebe ist das Gesetz, Liebe unter Willen."*

Wir müssen alles umarmen, was wir erfahren, indem wir unseren Willen tun, und keinen Unterschied zwischen irgendeiner Sache und irgendeiner anderen Sache machen, und wenn diese Erfahrungen uns menschliche Liebe bringen, dürfen wir diese ohne Zaudern akzeptieren[39]. Wir dürfen aber nicht zulassen, daß die Integrität unseres Willens durch Sentimentalität vergiftet wird. Das, was du bist, einem anderen zuliebe aufzugeben, heißt nicht nur, dich an Geist zu berauben, sondern auch jenem anderen Verantwortung für deine emotionale Unterstützung aufzubürden. Umgekehrt ist es eine grobe Schwäche, von Aspekten des Körpers der Nuit[40] zurückzuschrecken, die du auf deinem Weg treffen magst - seien dies Haß, Prüdigkeit, Furcht oder Abscheu. Was du auch triffst, du mußt darauf vorbereitet sein, es zu umarmen, falls dies dein Wille sein sollte. Wenn es nicht dein Wille ist, mußt du es in Ruhe lassen, ungeachtet wie attraktiv es an der Oberfläche sein mag. Wenn du das nicht tun kannst, wenn dein Blick vernebelt ist durch Lust auf eine Sache und Aversion gegen eine andere, wirst du durch Leidenschaft aus deiner Bahn gezogen. Um frei durch Nuit zu fließen, mußt du fähig sein, jedes Bißchen ihrer Manifestation, auf das du treffen magst, zu tolerieren; und weil alle Manifestation Teil ihres exquisiten Körpers ist, mußt du völlig leidenschaftslos werden.

Das Problem ist, daß viele in dieser Welt ihre Leidenschaften und Vorurteile sehr ernst nehmen, so ernst, daß sie sich privilegiert fühlen zu bestimmen, was für andere Leute richtig ist, und diese dann dazu zwingen, mit ihren Schlußfolgerungen konform zu gehen. Von Eltern, die wollen, daß ihre Kinder in die Gesellschaft einheiraten, bis zu Politikern, die es bevorzugen, daß alle ihre Bürger hart arbeitende Heterosexuelle sind, die der marxistisch-leninistischen Linie treu sind - wir, die unseren wahren Weg suchen, haben viele, die uns beschränken wollen. Und während es praktisch unmöglich ist, ihre tölpelhaften Übeltaten zu ignorieren, ist es noch schwieriger, ihnen entgegenzutreten. Wenn du das bezweifelst,

---

[39] Das schließt Treue zu einer Person nicht von vornherein aus. Eine große Zahl von Sternensystemen in unserer Galaxis sind multipel, zwei oder mehr Sterne, die um ihr gemeinsames Gravitationszentrum rotieren, während sie gemeinsam um das galaktische Zentrum stürzen. Es gibt keinen Grund, warum dasselbe nicht auch für menschliche Paare (oder Triaden oder Quartette) gelten sollte, selbst durch vielfache Inkarnationen hindurch.

[40] Das heißt überhaupt alles - Leute, Tiere, Situationen, alles.

versuch einmal die *New York Times* in Moskau zu verkaufen[41] oder dir einen Joint anzurauchen, während du darauf wartest, daß dich der Verkehrspolizist die Straße überqueren läßt. Die Kräfte der Beschränkung kämpfen darum, ihre Version der Ordnung aufrechtzuerhalten, und ihre Bemühungen werden von Millionen Willen unterstützt. Es ist wahr, daß viel dieser Macht gewohnheitsmäßig und nicht aus Überzeugung ausgeübt wird, doch wie sporadisch sie auch angewandt werden mag, ist sie doch für uns immer noch bei weitem zu potent, um sie direkt zu konfrontieren. Selbst so aber sind diese Kräfte Mächte des Patriarchats und laufen als solche der Strömung des neuen Äons zuwider, gegen die gesamte Bewegung kosmischer Macht, die sie in Stücke zerbrechen und hinwegfegen wird.

Was das *Liber AL vel Legis* also anzubieten hat, ist Anarchie. Wie jede Anarchie setzt sie voraus, daß die menschliche Natur letztendlich das Gute will, obwohl sie einräumt, daß sie in ihrem gegenwärtigen Zustand durch und durch korrupt ist. Um sie zu reinigen, offeriert das Zaubern Disziplinen wie jene, die wir in *DAS FEUER STEHLEN* angegeben haben. Ihre Anwendung wird jedoch Zeit brauchen, also schlagen wir keine der traditionellen anarchistischen Optionen vor - Bomben werfen und ähnliches. Stattdessen stellen wir jeder Person anheim, sich selbst auf die Suche nach dem eigenen Wahren Willen zu machen; sodann, wenn sie ihn dann zu entdecken beginnt, ohne Beachtung des Zivilrechts oder sozialer Konventionen das Beste daraus zu machen. Aktiv Opposition zu ergreifen, wäre sinnlos gefährlich; weder Nuit noch Hadit noch Ra-Hoor-Khuit haben freundliche Worte über Märtyrertum zu sagen.

Ein weiterer Grund, der alten Ordnung nicht mit Gewalt entgegenzutreten, ist der, daß ebenso wie in der Niederlage auch im Sieg Risiken liegen. Die alten Formen schützen uns, sogar während sie beschränken und bedrohen. Nimm als Beispiel unsere moderne Wirtschaftsordnung. Größtenteils entmutigt sie den einzelnen beim Erwerb persönlicher Macht, einfach weil ihre Mechanismen willige Zahnrädchen brauchen und keine Zauberer; Sklaven, keine Machtjäger. Wir mögen also versucht sein, diese etablierte Ordnung umzustürzen, in der Hoffnung auf etwas, das mit der neuen Zeit besser übereinstimmt. Diese Motivation ist gut und schön, doch das Ergebnis des Erfolgs wäre nicht tolerabel. Nicht nur ernährt, kleidet und beherbergt unsere Wirtschaft die hundert Millionen Leute, die ohne sie tot wären, wir hängen auch von ihr ab, um fremde Tyrannen abzuwehren, deren Fahnentreue zum Idol *DER STAAT* jegliche individuelle Freiheit mit Verachtung spottet. Noch verändern sich in letzter Analyse Äonen auf solch katastrophale Weise.

Aus dem zweiten Kapitel des Buches, jenem von Hadit:

7. "Ja! Rechnet nicht mit Änderung: ihr sollt sein, wie ihr seid & nicht anders. Daher sollen die Könige der Erde Könige sein auf immerdar: die Sklaven sollen dienen. Es gibt keinen, der gestürzt werden soll oder erhoben: Alles ist, wie es immer war. Doch gibt es Maskierte, meine Diener: es

---

[41] Probiere heutzutage eher Peking oder Bagdad; d.Ü.

mag sein, daß jener Bettler ein König ist. Ein König mag sein Gewand be-
stimmen, wie er will: es gibt keine gewisse Probe: doch ein Bettler kann
seine Dürftigkeit nicht verbergen. "

Die Industriekapitäne haben also keine Sorgen wegen Hadit. Der Wechsel des Äons hat uns keine im Wesen bessere Menschenrasse gegeben. Es haben sich bloß die Regeln geändert, nach denen sich die Menschen selbst bessern können. Wenn sich ein Sklave weigert zu dienen, dann fängt er an König zu werden. Doch Könige müssen ihren Thron gewinnen, und das kann Jahre brauchen. Was das neue Gesetz macht, ist, den patriarchalischen Einschränkungen die göttliche Unterstützung zu entziehen und diese auf die Suche des Individuums nach der eigenen Identität zu verlagern. Dessen einziges Hindernis ist nun seine eigene Konzeption seiner selbst und die Lebensgewohnheiten, die sie aufrechterhalten.

Es ist also klar, daß unser Rezept für gesellschaftliche Veränderung ein persönliches ist, was die Gegenwart des Äons extrem subjektiv macht, indem jenes nur für diejenigen existiert, die es akzeptiert haben. Die anderen bleiben Sklaven, gebunden an gleichwelche Überreste des Patriarchats sie in Leibeigenschaft halten. Die Verantwortung, die neue Zeit zu beginnen, liegt bei jedem von uns alleine.

Was wir daher anbieten, ist eine natürliche Auslese. Magick, nach Crowleys Definition, ist die Wissenschaft und Kunst, Veränderung in Konformität mit dem Willen zu verursachen. Daher ist jeder ein Magier; es ist bloß so, daß manche befähigter sind als andere. Diese Fähigkeit kann man lernen, und *DAS FEUER STEHLEN* ist einer von vielen verfügbaren Texten, die eine Unterweisung anbieten. Die Zahl der Leute, die solche Expertise erlangen wollen, hat sich in den letzten Jahren vervielfacht, ein offenkundiges Zeichen des Kommens des neuen Äons. Wir können erwarten, daß diese Zahl weiter steigen wird, und dadurch jene Verursacher von Veränderung oder zumindest die von ihnen bewirkten Effekte relativ auffällig zu Tage treten werden. Irgendwann sollten sie in der Lage sein, gleichwelche Institutionen die neue Zeit verlangt, hervorzubringen - Institutionen, deren Beschreibungsversuch ich mir nicht anmaße. Sagen wir nur, wenn wir die Fähigkeit haben, wird eine Zeit kommen, da jene, die ihren eigenen balancierten Wegen folgen, auf dem Planeten in der Überzahl sein werden. Wenn das geschieht - egal welche Form die menschliche Kultur angenommen haben wird - sollte die Kraft an unser aller Wurzel Genugtuung empfinden, glücklich darüber, daß sie all die anfängliche Mühe auf sich genommen hat.

XXIII. Das Ritual des Ungeborenen[42]

Durch diesen ganzen Essay hindurch war die von uns vorgestellte Magie extrem **individuell**, und es gab bloß Gesetze des Äons und der Psyche als Richtschnur für die persönliche Vorgangsweise jedes Zauberers. Es mag also seltsam erscheinen, wenn ich über ein so wohletabliertes Ritual wie das des Ungeborenen schreibe - dies um so mehr, als es mindestens 2000 Jahre alt ist und von Mathers, Crowley und all den Rosenkreuzern ihres Schlags geliebt wurde. Ich tue es, weil es funktioniert. Das Ritual des Ungeborenen funktioniert sowohl deshalb, weil seine Struktur wunderschön darauf abgestimmt ist, den benötigten psychischen Effekt hervorzubringen, als auch, weil es eben so alt ist. Sein Alter verleiht ihm eine gewisse Ehrwürdigkeit und gewährleistet auch, daß wir die Art seiner Behandlung durch die Rosenkreuzer nicht als Dogma auffassen müssen. Du kannst dir gewiß sein, daß der alte Alexandriner, der es verfaßt oder von einem noch älteren Text abgeschrieben hat, nichts von Christian Rosenkreuz wußte - und sogar nichts von der Kabbala, indem diese noch nicht erfunden war. Genau wie die Leute vom Golden Dawn also das Ritual des Ungeborenen für ihre Zwecke adaptiert haben, können auch wir es mit den unseren verbinden, da es uns genau das gibt, was eine Person auf diesem Weg benötigt: eine Art und Weise, seine Geister folgsam auf ihrem Platz zu halten.

Obwohl sich die Ursprünge des Rituals des Ungeborenen bis ins hellenistische Ägypten zurückerstrecken, war der Text unter europäischen Okkultisten bis 1852 unbekannt; damals veröffentlichte Charles Wycliff Goodwin eine Übersetzung davon in seinem *Fragment eines graeco-ägyptischen Werks über Magie* (Fragment of a Graeco-Egyptian Work upon Magic). Etwa vierzig Jahre danach wurde der Ritus durch E. A. Wallis Budge in seiner *Ägyptischen Magie* (Egyptian Magic) teilweise wiederveröffentlicht und erregte in dieser Form die Aufmerksamkeit der Mitglieder des Golden Dawn. Aleister Crowley adaptierte ihn zum Gebrauch als einleitende Invokation für seinen *Der kleine Schlüssel Salomons: Goetia*[43] und verwandelte auf diese Weise ein eher zahes Gelehrtenstück in einen kraftstrotzenden Spruch.

Als Crowley auf seiner magischen Laufbahn voranschritt, fand er, daß diese "Einleitende Invokation der *Goetia*" große praktische Wirksamkeit hatte, insbesonders für den Zweck der Invokation des Heiligen Schutzengels. Nachdem er weitere Erfahrung damit gesammelt hatte, adaptierte Crowley das Ritual weiter, indem er dessen langen Sequenzen unübersetzbarer "barbarischer Namen der Evokation" kabbalistische Zuordnungen gab; ebenso schrieb er Zeile für Zeile einen Kommentar über die verschiedenen Gemütszustände, von denen man wäh-

---

[42] Im Sinn von "der, der nie geboren wurde"; d.Ü.
[43] *Lesser Key of Solomon: Goetia*, für dessen Übersetzung er MacGregor Mathers bezahlt hatte. In Deutsch erschienen: *Die Goetia - Der kleinere Schlüssel Solomonis*, Schikowski Verlag, Berlin 1980.

rend des Fortschreitens durch sein halbes Dutzend Phasen erfaßt werden sollte. Er veröffentlichte all das unter dem Titel *Liber Samekh*[44].

An diesem Punkt mögen sich manche von euch fragen: "Wer braucht das eigentlich?" Schließlich wird jeder Zauberer, der sich Spares Methode bedient, in der Lage sein, seinen Engel unter Verwendung von Sigillen, automatischem Zeichnen und heiligen Buchstaben zu kontaktieren, warum sich also mit dem Ungeborenen herumschlagen? Zwei Gründe: 1. Es ergibt eine intensivere Vereinigung mit dem Engel, als anders möglich sein mag, und ▪ 2. es dient als Werkzeug, mit dem man seine psychischen Kräfte zur Inspektion herbeiruft und sie der Disziplin seines eigenen Willens unterwirft. Es ist dieser letztere Zweck, der für Spares Technik die größte Relevanz hat. Während ein kabbalistischer Magier sein Werk mit seiner wohlgeordneten spirituellen Kommandokette beginnt - Götter, die Erzengel regieren, Erzengel, die Engel regieren, und so weiter bis hinab zu Intelligenzen und Geistern - und sie sich bloß vorzustellen und seinen richtigen Platz darin einzunehmen braucht, muß derjenige, der diese [Spares] Magie ausübt, sein persönliches Chaos völlig auf sich alleine gestellt organisieren; er bedarf also jedes Werkzeugs, dessen er habhaft werden kann. Daher gebe ich das Ritual des Ungeborenen so wieder, wie es im *Liber Samekh* vorkommt. Der Ritus selbst ist identisch; mein Kommentar dazu nicht. Der Text beginnt mit dem Eid:

Dich invoziere ich, den Ungeborenen.

Dich, der erschuf Himmel und Erde.

Dich, der erschuf Nacht und Tag.

Dich, der erschuf Dunkel und Licht.

Du bist ASAR UN-NEFER ("Ich selbst, vervollkommnet"):

    Den niemand je gesehen hat.

Du bist IA-BESZ ("Die Wahrheit in der Materie").

Du bist IA-APOPHRASZ ("Die Wahrheit in der Bewegung").

Du hast unterschieden zwischen den Gerechten und den Ungerechten.

Du machtest Weiblich und Männlich.

Du brachtest hervor Samen und Frucht.

Du formtest die Menschen, auf daß sie einander lieben und hassen.

Ich bin ANKH-F-N-KHONSU, dein Prophet, dem Du Deine Mysterien anvertraut hast, die Zeremonien von KHEM.

Du brachtest Feucht und Trocken hervor und das, was alle lebendige Schöpfung nährt.

Höre Du Mich, denn Ich bin der Engel von PTAH-APO-PHASZ-RA: das ist Dein wahrer Name, der den Propheten von KHEM kundgetan ward.

---

[44] Siehe Appendix IV von *Magick in Theorie und Praxis*.

Der Eid in einem Ritual definiert die zu invozierende Kraft, identifiziert den Zauberer und proklamiert sein Recht auf diese Invozierung. Indem er seinem Engel das Attribut "Der Ungeborene" verlieh, identifiziert Crowley ihn[45] mit dem Höchsten - nennst du dieses nun Gott, Ain Soph, Kia oder Dao. In den nächsten drei Zeilen erklärt der Adept, daß sein Engel das Universum erschaffen habe, damit es seiner Selbstverwirklichung diene, und in der fünften definiert er ihn als Vervollkommnung seiner selbst. Da dies jedoch nur ein Titel für den Engel ist, rät Crowley dem Adepten, hier für ASAR UN-NEFER den wahren Namen seines Engels einzufügen, sobald ihm dieser bekannt ist.

Die gleichen Überlegungen treffen auf die Worte ANKH-F-N-KHONSU und KHEM zu. In der Originalübersetzung Goodwins wird der Name des Magiers mit "Moses" und "Isreal" als Ursprung der Mysterien angegeben. Crowley substituiert in Anklang an den ägyptischen Hintergrund des *Liber AL vel Legis* ANKH-F-N-KHONSU als Name für sich selbst und KHEM als den alten Namen Ägyptens. Ich persönlich gebrauche statt "Moses" einen meiner eigenen magischen Namen und, in Reflexion meiner Neigung zu Spare, "Kia" an Stelle von "Isreal".

PTAH-APO-PHRASZ-RA ist eine Elaboration von ASAR UN-NEFER und kann von dem Adepten, der über ein wohlgefülltes Arsenal heiliger Buchstaben verfügt, dementsprechend behandelt werden.

Die nächsten vier Abschnitte beginnen jeweils mit einem anfänglichen Kommando, dem eine Aufzählung barbarischer Namen folgt. Diese sind dazu gedacht, das Gemüt des Magiers in Kraft zu entflammen, und nach jedem solchen Absatz folgt ein "Appell"[46] an jene Kraft, der Befehl des Zauberers selbst an sie. Für diese Aufzählung werde ich alles so wiedergeben wie Crowley, jedoch ohne seine Interpretation der Namen. Versuche, während du sie überfliegst, zu behalten, daß diese vier Abschnitte sich am meisten für eine persönliche Adaption eignen. Crowley ordnet sie den vier Elementen zu - Luft, Feuer, Wasser und Erde - und interpretiert demgemäß auch die barbarischen Namen. Ich selbst habe für meinen Gebrauch die barbarischen Namen gänzlich weggelassen und dafür die Namen meiner heiligen Buchstaben - in vier Kategorien unterteilt - eingesetzt. Doch mehr darüber später.

Crowley beginnt mit Luft:

Höre Mich: -

---

45 Crowley vertritt nicht meine Anima/Animus-Zuordnung, und für ihn ist der Engel männlich. Gegenteilige Sexualität ist also nur meine eigene Erfahrung, du solltest also eigene Nachforschungen anstellen, um deine eigene Wahrheit herauszufinden.

46 Im Original "Charge", was hier nicht im Sinne von "Aufladung" mißverstanden werden darf, sondern i.e. als "förmliche, bestimmte Aufforderung", "Aufruf", "Anrufung" o. dgl. gedeutet werden muß, daher "Appell"; d.Ü.

AR, ThIAF[47], RhEIBET, A-ThELE-BER-SET, A, BELAThA, ABEU, EBEU, PhI-ThETA-SUE, IB, ThIAF

Höre Mich: und mache Mir alle Geister untertan: so daß jeder Geist des Firmamentes und des Äthers: auf Erden und unter der Erde: auf trockenem Boden und im Wasser: der wirbelnden Luft und des rasenden Feuers: und jeder Fluch und jede Geißel Gottes Mir gehorsam sei.

Und geht dann weiter zum Feuer:

Ich rufe Dich, den Schrecklichen und Unsichtbaren Gott: Der im Leeren Raum des Geistes weilet: -

AR-O-GO-GO-RU-ABRO, SOTOU, MUDORIO, PhALARThAO, OOO, AEPE.

Du Ungeborener.

Höre Mich: und mache Mir alle Geister untertan: so daß jeder Geist des Firmamentes und des Äthers: auf Erden und unter der Erde: auf trockenem Boden und im Wasser: der wirbelnden Luft und des rasenden Feuers: und jeder Fluch und jede Geißel Gottes Mir gehorsam sei.

Sodann Wasser:

Höre Mich: -

RU-ABRA-IAF, MRIODOM, BABALON-BAL-BIN-ABAFT, ASAL-ON-AI, APhEN-IAF, I, PhOTETh, ABRASAX, AEOOU, ISChURE.

Mächtiger und Ungeborener!

Höre Mich: und mache Mir alle Geister untertan: so daß jeder Geist des Firmamentes und des Äthers: auf Erden und unter der Erde: auf trockenem Boden und im Wasser: der wirbelnden Luft und des rasenden Feuers: und jeder Fluch und jede Geißel Gottes Mir gehorsam sei.

Und schließlich Erde:

Ich rufe Dich: -

MA, BARRAIO, IOEL, KOThA, AThOR-e-BAL-O, ABRAFT.

Höre Mich: und mache Mir alle Geister untertan: so daß jeder Geist des Firmamentes und des Äthers: auf Erden und unter der Erde: auf trockenem Boden und im Wasser: der wirbelnden Luft und des rasenden Feuers: und jeder Fluch und jede Geißel Gottes Mir gehorsam sei.

Wie jedem, der zählen kann, offensichtlich sein sollte, ist das hervorstechende Attribut bei all dem der Appell: "Höre Mich: und mache Mir alle Geister untertan: so daß - jeder Fluch und jede Geißel Gottes Mir gehorsam sei." Und obwohl

---

[47] Crowley schrieb "der Buchstabe F wird gewöhnlich repräsentiert durch das Hebräische Vau ‍ oder/und durch das Griechische F = ϝ welches wegen seiner Ähnlichkeit mit Γ Digamma, Doppelgamma genannt wurde: sein Klang liegt zwischen dem Englischen langen o und dem langen oo…".

es mühsam sein mag, es viermal hintereinander zu lesen, beinhaltet es doch eine gewisse Kraft, besonders wenn du im Astralen bist (wo dieses Ritual ausgeführt werden muß) und es gleichwelchen Geistern auferlegt, die durch die barbarischen Namen hervorgekommen sind. Wenn du deinen Willen am Appell festhalten kannst und jedes Wort mit voller Konzentration und Absicht vibrierst, dann werden die dadurch gebundenen Geister innerhalb der Grenzen deines Willens deinen Wünschen untertan sein.

Es mag hilfreich sein, wenn ich einiges davon hinzufüge, was Crowley darüber sagte, wie man diese Geister in eine Position bringt, wo sie der Appell direkt beeinflußt. Crowley rät dem Adepten, seinem Willen die Form eines Phallus zu geben und ihn sodann aus seinem astralen Kreis hinaus vorwärts zu stoßen, wobei er "im dem invozierten Element eigentümlichen Licht" erstrahlen soll." Während er jedes Wort ausstößt, sollte der Ton dem Schaft entlang verlaufen, so daß er in den Äther hinein schwillt und zusätzliche "Autorität" erlangt. "Darüber hinaus soll der Adept sein gesamtes Bewußtsein dorthin schleudern. Beim letzten Wort sodann möge er seinen Willen in sich hinein zurückfließen lassen, in einem stetigen Strom, und sich selbst der Strömungsspitze darbieten, wie die Artemis dem PAN gegenüber, auf daß ihn diese vollkommen pure Konzentration des Elements durch und durch reinige und mit ihrer Leidenschaft von ihm Besitz ergreife." Indem der Adept somit eins ist mit dem Element, spricht er den Appell, in dem er die Herrschaft über jenes beansprucht und alle damit einhergehende Freiheit und Verantwortlichkeit.

Wir hinwiederum arbeiten nicht in Begriffen der vier Elemente, oder zumindest ich tue das nicht. Ich persönlich finde Feuer, Wasser, Luft und Erde ebenso willkürlich wie den Lebensbaum, und sie haben wenig mit meinem Alphabet des Verlangens zu tun.

Dennoch fand ich die Teilung in vier hilfreich. Anstatt in die vier Elemente jedoch, teilte ich meine heiligen Buchstaben in vier allgemeine Kategorien: 1. Strukturen in meinem Unbewußten, ▪ 2. passive Kräfte, ▪ 3. aktive Kräfte und ▪ 4. Aspekte der Außenwelt. Bei jedem der vier Abschnitte im Ritus rief ich eine dieser Gruppen auf - indem ich die Namen vibrierte und die Buchstaben visualisierte - und fühlte ich erst einmal die Gegenwart der Kraft, gebrauchte ich einen weiteren Buchstaben, um sie zum Appell zu sammeln[48]. Auf diese Weise band ich meine diversen Aspekte - positive Kräfte und Dämonen gleichermaßen - an den alleinigen Befehl meines Willens und nahm mich selbst in die Hand, damit ich wert sei, die gesegnete Singularität meines Engels zu invozieren.

Die Invozierung des Engels selbst nimmt den restlichen Ritus ein. Sie beginnt mit einer weiteren Aufzählung von Namen.

Höre Mich: -

AFT, ABAFT, BAS-AUMGN, ISAK, SA-BA-FT.

---

[48] Obwohl ich es nicht auf die Weise Crowleys tat.

Crowley sagt uns, der Magier solle diese Namen in einer bewundernden, nicht einer befehlenden Manier rezitieren. Er dehnt seinen Willen aufwärts aus, doch zieht er ihn mit dem letzten Wort nicht zurück. Stattdessen imaginiert er, daß "das Haupt seines Willens, wo sein Bewußtsein festgemacht ist, seine Fissur öffnet (das Brahmaranda Chakra, an der Verbindung der Schädelnähte) und einen klaren, kristallinen Tautropfen absondert, und daß diese Perle seine Seele ist, eine jungfräuliche Opfergabe an seinen Engel, aus seinem Wesen herausgepreßt durch die Intensität seiner Erwartung."

Für den Besitzer eines Alphabets des Verlangens ist das Problem hier, eine Sequenz zu komponieren, welche die barbarischen Namen ersetzen kann. Vielleicht fährt man am besten, wenn man einfach seinen Engel befragt (in einem Zwiegespräch, welches man durch Mittel wie die in Kapitel XV beschriebenen initiiert), damit dieser (in Begriffen heiliger Buchstaben) Ihre (Seine) Auffassung der Verbindung zwischen Engel und Mensch beschreibe. Dann kann der Zauberer die Namen der Buchstaben in einen mantrischen Gesang einarbeiten, welchen er an diesen Abschnitt stellen kann, um ihn zu repetieren, während er in seiner Astralform in Gestalt des heiligen Buchstabens seines Engels aufwärts strebt. Er sollte in diesem Streben nicht nachlassen, bis er die Gegenwart seines Engels zu fühlen beginnt. Sodann sollte er diese Wahrnehmung festigen, indem er den nächsten Abschnitt des Ritus rezitiert:

Dies ist der Herr der Götter:

Dies ist der Herr des Universums:

Dies ist Er[49], den die Winde fürchten.

Dies ist Er, der die Stimme gemacht, und dessen Befehlsgewalt Ihn zum Herrn aller Dinge macht; zum König, Regenten und Helfer.

Höre Mich: und mache Mir alle Geister untertan: so daß jeder Geist des Firmamentes und des Äthers: auf Erden und unter der Erde: auf trockenem Boden und im Wasser: der wirbelnden Luft und des rasenden Feuers: und jeder Fluch und jede Geißel Gottes Mir gehorsam sei.

Die "Götter" sind die Geister, aus denen sich die Psyche des Adepten zusammensetzt. Das "Universum" ist jedes "externe" Phänomen, das sich seinen Lebensumständen aufdrängen mag. Die "Winde" sind seine wahllosen Gedanken, das gegenwärtige "Ich", das ihn in seiner getrennten Existenz gefangen hält. Die "Stimme" ist das Medium der Worte der Kraft - die heiligen Buchstaben - die der Engel verwendet, um die verschiedenen Mechanismen der Manifestation zu manipulieren, und welcher sich der Adept bedienen mag, um auf seine Psyche seinen Willen auszuwirken und, durch jene, auf die Welt.

---

[49] Wiederum vertritt Crowley nicht die Theorie der Gegengeschlechtlichkeit. Und manchmal scheint mir, daß auf den tiefsten Ebenen der Engel geschlechtslos sein mag. Grabe bis zum Grund deines eigenen, um die Fakten zu bestimmen.

Der Appell wird in einem Tonfall flehentlichen Gebets gesprochen, nicht wie ein Befehl, und die Stimme des Adepten soll eine menschliche sein, keine magische Vibration.

Wenn der Ritus richtig ausgeführt wurde, sollte sich der Adept nunmehr in der Gegenwart seines Engels befinden (insbesonders, wenn er mit Hilfe von Sigillen und heiligen Buchstaben bereits Ihre Bekanntschaft gemacht hatte und also schon Ihren Namen kennt), und die Energie dieser Gegenwärtigkeit sollte immens sein. Um die Intensität zu steigern, empfiehlt Crowley dem Adepten, sich den Annäherungen seines Engels bis zum letzten seiner Stärke zu widersetzen und sich im innersten Heiligtum seiner Persönlichkeit einzukapseln, so daß der Engel es aufsprengen muß, um ihn zu erreichen und sein Ego in all dessen Stärke überrollt. Indem er sich also überwältigt findet, sollte er beginnen den letzten Satz der barbarischen Namen zu sprechen, welche Crowley folgendermaßen wiedergibt:

Höre Mich: -

IEOU, PUR, IOU, IAFTh, IAEO, IOOU, ABRASAX, SABRIAM, OO, FF, AD-ON-A-I, EDE, EDU, ANGELOS TON ThEON, ANLALA, LAI, GAIA, AEPE, DIATHARNA THORON.

Crowley interpretiert diese als eine Zelebrierung der Einheit von Mensch mit Engel, und wenn du heilige Buchstaben verwendest, sollten sie großteils dasselbe bedeuten. Wiederum solltest du sie als ein Mantra repetieren, das keinen Raum für irgendetwas anderes als den Heiligen Verkehr läßt.

Wenn die Vereinigung vollzogen ist, wird der Adept über die Perspektive seines Engels verfügen und daher befähigt sein, von dessen Standpunkt aus zu sprechen. Der Ritus geht weiter:

Ich bin Er! Der Ungeborene Geist! Bin angesichtig mit den Füßen:

   Stark, und das unsterbliche Feuer!

Ich bin Er! Die Wahrheit!

Ich bin Er! Der es haßt, daß Übel mit der Welt verflochten werden sollte!

Ich bin Er, der blitzet und donnert!

Ich bin Er, von Dem des Lebens Schauer auf Erden niedergehen!

Ich bin Er, dessen Mund flammt auf immerdar!

Ich bin Er, der Empfänger und Künder des Lichts!

Ich bin Er, die Anmut der Welten!

"Das mit einer Schlange gegürtete Herz" ist mein Name!

Der Adept bekräftigt seine innewohnende Unsterblichkeit, seine Freiheit und seine Macht. Er bekräftigt, daß er als Meister seiner Psyche Meister seiner Wahrnehmung ist und also die Wahrheit schauen darf. Er bekräftigt, daß es seine Pflicht ist, die Welt zu erlösen, durch jedwede Kräfte, die sein Wille gestatten mag. Er bekräftigt seine Einheit mit dem Ursprung aller Schöpfung und daher aller Schaffenskraft und Schönheit. Aus dieser Position heraus vermag er zu allen seinen Geistern den abschließenden Appell zu sprechen:

Komm du hervor und folge mir: und mache Mir alle Geister untertan: so daß jeder Geist des Firmamentes und des Äthers: auf Erden und unter der Erde: auf trockenem Boden und im Wasser: der wirbelnden Luft und des rasenden Feuers: und jeder Fluch und jede Geißel Gottes Mir gehorsam sei.

IAF : SABAF

Dies sind die Worte!

Das ist also der Text des Rituals des Ungeborenen und eine Beschreibung der Wirkungen, die dieser Text im Gemüt des Adepten hervorbringen sollte, während er seinen Weg durch ihn zurücklegt. Doch rituelle Texte stehen nicht für sich allein; täten sie es, wäre jeder, der laut lesen kann, allmächtig. Der diesen Text rezitiert, darf diesen nicht als Endzweck gebrauchen, sondern als Hebel, um jene geistigen Zustände zu induzieren, welche die eigentliche Magie mit sich bringen.

Derjenige, der diesen Spruch spricht, muß also kompetent sein. Er muß der sein, als den Crowley ihn benennt: ein Adept. Jeder Anfänger im Zaubern mag ein Sigill entwerfen und - nach ein, drei Jahren Yoga und ähnlichem - damit beginnen, Astralreisen zu tun und sein Alphabet des Verlangens zu entwickeln. Erst aber nachdem er in all dem kompetent geworden ist, sollte er ein Ritual wie das des Ungeborenen versuchen.

Wenn der Adept das Gefühl hat, bereit zu sein, sollte er ein intensives Studium des Rituals beginnen, Crowleys Abhandlung davon in *Magick* lesen und sogar Goodwins Version aufzutreiben versuchen, sind seine Überzeugungen auch gelehrtenhaft. Wenn er dann bekannt ist mit dem, was andere Leute damit gemacht haben, sollte er das Ritual seiner eigenen Situation anpassen, indem er all dessen Teile in Bezug zu seiner inneren Wirklichkeit bringt, auch wenn er darauf achtet, dessen allgemeinen Effekt zu bewahren. Er sollte diesen personalisierten Text memorieren und jeden Ausdruck und jedes Wort der Kraft in seine Erinnerung einprägen, da das Ritual auf der Astralebene ausgeführt werden muß, wohin man Hardcopies nicht mitnehmen kann.

Mit dem Text firm im Gemüt und seinen astralen Füßen wohlbeschuht, ist der Adept bereit zu beginnen. Unmittelbar vor Beginn sollte er sich waschen, Kleidungs- oder Schmuckstücke (Roben, Ringe, Kronen usw.) anlegen, die für ihn

Kraft haben, sich mit Öl salben und den Weihrauch anbrennen[50] Wenn er in deren Gebrauch erfahren ist, mag er vielleicht seine Stimmung mit Wein und seltenen Drogen festigen. Sodann sollte er bannen, ins Astrale gehen und mit der Invokation beginnen. Wenn er mit den Worten "Dies sind die Worte!" geendet hat, wird er alle anwesenden Geister ermächtigen, sich hinweg zu begeben, bannen, in seinen wartenden Körper zurückkehren und wiederum bannen. Dann sollte er alle Geschehnisse in seinen Aufzeichnungen festhalten.

Natürlich kann es sein, daß unser Adept bei seinem ersten Versuch nicht gleich vollen Erfolg hat, und selbst wenn, werden seine Kräfte langfristiger Unterweisung bedürfen. Und während er diese Disziplin ausübt, mag er entdecken, daß ihm Dämonen innewohnen, derer er nicht gewahr war. Dann wird er seinen Engel um deren Namen und um Buchstaben von Kräften bitten müssen, welche ihm helfen könnten, deren Einfluß zu begegnen. Kurz, man muß eine ganze Reihe von Riten ausführen. Crowley empfahl 560 Wiederholungen, über eine Zeit von zehn Monden erstreckt. Ich erzielte mit etwa einem Zehntel dieses Aufwands gute Resultate, in etwa der halben Zeit. Ich hatte freilich den enormen Vorteil, schon vor dem Beginn den Namen meines Engels zu kennen.

Immer noch hatte ich jedoch meine Probleme damit, meine Geister in Reih und Glied zu treiben, sogar nachdem ich ihre Namen und Buchstaben kannte. Sie waren ein wenig zu ungefüge, zu gut verschanzt, zu mächtig. Dieser Mangel an Disziplin zeigte sich am klarsten, als ich versuchte, sie dem Appell zu unterwerfen. Das "Höre Mich: und mache Mir alle Geister untertan" kam mir flüssig über die Lippen, doch konnte ich nicht daran festhalten, so daß mein Wille nicht viel zu binden vermochte. Die Kräfte verwirrten mich zu sehr. Weil ich unter Vierzig war und in guter körperlicher Verfassung, entschied ich mich zu riskieren, meinem Ungeborenen mit Todesstellungen zuvorzukommen. Das funktionierte wunderbar, entblößte meine Dämonen ihrer Wichtigkeit und zwang sie, unter dem Appell ruhig zu halten. Andererseits fand ich heraus, daß die Stellung eine lästige Unregelmäßigkeit im Schlag meines Herzens hervorrief. Egal wann ich sie einnahm, immer wenn ich mich an jenen Abenden schlafen legte, begann mein Herz wie ein nervöses Fohlen auszuschlagen. Alles war still, ich bemerkte kaum meinen Puls und dann bumm, bumm, - PENG-PENG-PENG bummbummbumm - PENG-PENG-PENG und so weiter, bis ich ein wenig hyperventilierte und sich die Dinge beruhigten. Ich hörte also nach der neunten Todesstellung auf, und binnen einer Woche hatte sich mein Herz wieder normalisiert.

---

[50] Der Große Magus Abramelin gibt Rezepturen für das Öl und den Weihrauch, und die zwei Gerüche zusammen ergeben ein so unwiderstehliches Aroma, daß es ein exzellentes Argument für die Authentizität seines Buches ist. Mische für das Öl vier Teile Zimtöl, zwei Teile Myrrhenöl, einen Teil Galengalöl und dreieinhalb Teile Olivenöl. Für den Weihrauch vermahlst du vier Teile Weihrauchharz, zwei Teile Styrax und einen Teil Holzmehl von Aloe, Rose, Zeder oder einem sonstigen aromatischen Holz. Erhitze diese Mischung auf einer heißen Metallplatte (über einer Kerze oder Holzkohle); auf diese Weise kochst du die Öle heraus, ohne deinen Tempel mit den Dämpfen zu verpesten, die durch verkohlende Harze entstehen (wie etwa, wenn du den Weihrauch direkt auf Holzkohle gibst).

Doch auch bloß neun Todesstellungen genügten, um dem Appell die Chance zu geben, Wirkung zu zeitigen, und die Dämonen, die wegen der Stellung stillgehalten hatten, blieben es auch ohne sie. Ich führte drei oder vier weitere Ungeborene aus, dann ließ ich es sein, weil es zum alten Hut wurde.

Es ist in Ordnung, eine Praktik aufzugeben, weil du sie erledigt hast und sie dich nun langweilt. Dann wenn es dir schwerfällt, dich erschreckt oder langweilt, weil du nichts zustandebringst, dann mußt du dich zwingen, weiter Druck zu machen. Es heißt entweder Druck machen oder zurückweichen, und wenn du zu weit zurückweichst, kannst du dich in der mühsamsten aller Fallen verstricken.

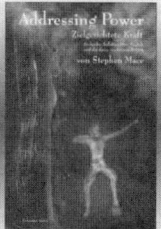

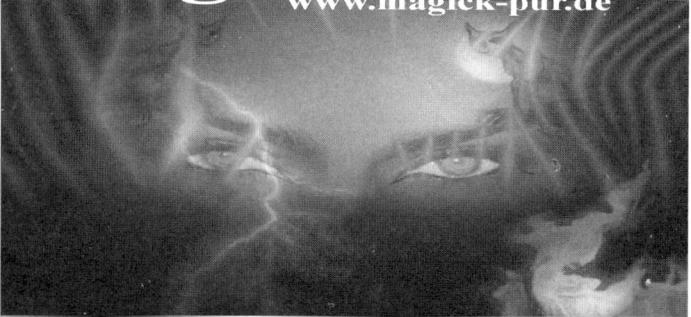

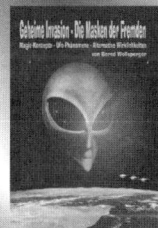

Edition Araki

Mit ihrem ersten Titel, der überarbeiteten Auflage des Buch Abramelin, startete die Edition Araki im Sommer 2001. Der Name bezieht sich auf das Dorf in Oberägypten, nahe dem der Weise Abramelin gelebt hatte. Der Jude Abraham von Worms war auf einer 17 Jahre während Fahrt nach vielen vergeblichen Abenteuern bei ihm in die Lehre gegangen. Nach seiner Rückkehr 1404 konnte er daran gehen, diese magische Praxis umsetzen. Die Zeitspanne von 17 Jahren ist für uns eine Garantie für am Leben gereifte und mit Weisheit erschlossene Lehren. Deshalb werden in der Edition Araki Titel veröffentlicht, deren Inhalte sich durch viele Jahre bewährt und bewiesen haben.

Buch Abramelin
Das ist die egyptischen großen Offenbarungen oder
des
Abraham von Worms
Buch der wahren Praktik
In der uralten göttlichen Magie

Erste vollständig und kritisch überarbeitete Ausgabe von Georg Dehn, 2. Auflage, Leipzig 2001. Der Herausgeber hatte schon in der ausverkauften 1. Auflage mit wissenschaftlicher Genauigkeit alte Texte verglichen und den Anspruch erfüllt, den Urtext zu rekonstruieren. In dieser 2. Auflage sind Manuskripte bis 1608, darunter auch eine erstmals übersetzte hebräische Handschrift, eingearbeitet. Ausführliche Geistertabellen und magische Quadrate, Originaltexte und die Forschungsreisen des Herausgebers werden dokumentiert. Wir haben nun eine sichere Arbeitsgrundlage für den magischen Praktiker. Autoren von Mathers über Crowley bis Bardon können ebenfalls am historischen Original geprüft werden.

Die Vorzugsausgabe der 1. Aufl. ist noch lieferbar. Versiegelt, nummeriert, handsigniert.
Vorzugsausgabe der 2. Auflage, Halbleder, nummeriert, handsigniert. Beide direkt vom Verlag.

Weitere Titel in Vorbereitung:

Elke Licht, Das Buch Hand. Seelische Kräfte lesen lernen. 250 S., Leinen, viele Abb. Die Geschichte der Handlesekunst zeigt die Wandlungen unseres Menschenbildes durch die Jahrhunderte. Bis heute sind die Deutungslandkarten unausgewogen. Doch die Göttinnen kehren auf ihre Plätze zurück. Handlesen wird spielend leicht erlernbar.

June Jones, Der König der Hexen. Ca. 300 S., Ln. Die erste und einzige autorisierte Biographie von Alex Sanders, des Mitbegründers des neuen Hexentums in England. Im Anhang Materialien und Dokumente seines Lebens.

Edition Araki
Mendelssohnstr. 7, 04109 Leipzig
Tel: 0341 391 99 66, Fax: 391 99 58, Http://www.araki.de